丹 心 如 玉

― 品賞蓬丹的文學清境

劉詠平
于杰夫　主編

文 學 叢 刊
文史哲出版社印行

國家圖書館出版品預行編目資料

丹心如玉：品賞蓬丹的文學清境 / 劉詠平,
　于杰夫主編 -- 初版 -- 臺北市：
　文史哲, 民 100.11
　　頁; 公分（文學叢刊；260）
　ISBN 978-957-549-988-4（平裝）

855　　　　　　　　　　　　　100018443

文 學 叢 刊　260

丹 心 如 玉
── 品賞蓬丹的文學清境

主　　編：劉　詠　平　　于　杰　夫
出　版　者：文　史　哲　出　版　社
　　　　　http://www.lapen.com.tw
　　　　　e-mail:lapen@ms74.hinet.net
登記證字號：行政院新聞局版臺業字五三三七號
發　行　人：彭　　正　　雄
發　行　所：文　史　哲　出　版　社
印　刷　者：文　史　哲　出　版　社
臺北市羅斯福路一段七十二巷四號
郵政劃撥帳號：一六一八○一七五
電話886-2-23511028・傳真886-2-23965656

定價新臺幣三二○元

中華民國一百年（2011）十一月初版

丹心如玉

—— 品賞蓬丹的文學清境

目　　次

陳　序
心美・文美・天地美

陳　乃　健

　　作家蓬丹是多年好友，最近她交給我一疊厚厚的影印書稿，是北美洛杉磯華文作家協會前副會長劉詠平女士以及文友于杰夫先生，共同爲她整編的一系列著作的自序、名家的序文，並選取了一組評論文章，分門別類將之編輯成書。我相信兩位編者一定十分珍愛並推崇蓬丹的作品，才會如此認真將一位寫作者的文學歷程條理清楚地整理出來，除了讓人進一步認識一位作家的文學天地，也能讓讀者了解文學的力量以及文字的魅力，更可以提供有志於寫作的朋友一些方向。

　　由此想到我在高中及大學時代，也曾經認眞地擔任過校刊編輯，猶記得台北成功中學前後期編寫「成功青年」的幾位同窗中，如劉墉、耿榮水、周玉山……等，在台灣都已成爲名作家。至於平時也喜歡鑽研文字、遊於文藝的我，後來卻半路改行從商而停筆了數十年。但我仍記得二十餘年前就在中央日報上讀過蓬丹的文章，當時覺得那是一位文采斐然的作者，遣詞用句極其精美，字裡行間展現的愛心和對人世

的關懷，特別令人印象深刻。上世紀九十年代中，聽說洛城作家協會負責人即是蓬丹，於是在一位共同的友人安排下，我們有緣結識，同時我也在她的推薦下加入作協，開始與文藝再續前緣。

蓬丹的寫作追求的是文學崇高的精神境界，所以她所撰寫的多是具有哲思的心靈小品，對生活中的種種現象觀察後加以審思，質疑後加以反省，無論是關於寫作、旅行、人物、社會，或敘情抑或說理，蓬丹均能秉持她一貫認真的態度，以精琢的文字表達其所思所感。蓬丹自幼即敏銳善感，文思豐富，因此從小學起她的作文就得到老師的激賞。大學三年級她嘗試投稿報刊，她那種特有的清麗精緻風格，深獲許多編者的青睞和讀者的讚許。也有評者認為她的文字頗有散文大家張秀亞美文的韻味，可以作為新一代美文的代表。

多年來，蓬丹勤勤懇懇地從事文學創作，至今台灣各大出版社為她出版了十二本結集。書中優雅的文字引人入勝，深刻的思考發人省思。她的每一本著作都令我在讀後對人生的態度有所啓發，蓬丹說：「這正是我寫作的目的，不僅是為自己的生命歷程留下記錄，更希望能提昇人們的心靈層次，讓讀者感到有助益，有收穫。」相信蓬丹的這份苦心和愛心沒有白費，我在網上查詢她的資料時，看到有的讀書會選擇她的作品研讀，也有網友選刊了她的文字後加上眉批：「蓬丹是我文學的良師、人生的益友、心靈的嚮導」。我想一定是讀其書後深受感動，多所感悟，才會發出如此真情流露的讚歎吧。

蓬丹說她真的十分欣慰，透過兩位編者的用心與善意，這卷書冊得以出版，使她有機會再一次向所有鼓勵支持過她的前輩、文友、讀友表達一份由衷感謝。可惜有些作者因時空阻隔失了聯繫，未能搜集到他們的大作成為遺珠之憾。但筆者認為收在此處的文章，已足以讓人體悟人生之美、天地之美、以及孕育於人生與天地的文學之美！

　　　　　（本文作者曾為洛杉磯作協理事，
　　　　　　現任共和黨商業委員會資深委員）

陳乃健先生在蓬丹之發表會上擔任講評

第一帙　文韻心香

蓮丹每部書的自序，
每則篇章俱是一種內在的真誠告白，
對於執筆為文的理念與意義有著詳實的闡釋，
依據年份排列，細緻描繪一個書寫者的心跡履痕。
為便於索閱，蓮丹為每則文字都定下標題，
可作為作品導讀。

二〇〇三年赴台參加世華大會，蓬丹致贈《詩書好年華》一書
予時任台北市長的馬英九先生

燃燒的青春
── 《失鄉》後記

　　我的第一篇小說，是在大學三年級時寫成的。在那以前，我也試過寫作，但都是短短的散文。上千上萬字的小說，我簡直無法想像是如何完成的。但就如同小時候仰望頭頂上的那一片星空，雖然不明白它怎會如此光華燦爛，卻總是有著去登臨，去攀摘的願望。

　　第一篇小說，也就是收在這本集子裏的「碎」發表後，我又陸續寫過幾篇五、六千字的小說。我發覺，持之以耐心是寫小說的一樁要素。但，二十上下的年紀，最缺乏的好像就是耐心這件東西。那時候，對世事充滿了懷疑，對人生充滿了夢想，以及連帶而來的痛苦。心，就是一窪熾紅的火。它底熱度，超過了青春所能有的耐力。寫作，實際上也是一種發洩。但總覺不能表達萬一，對這些小說的故事與結構也從不滿意。因而，那個時期我的作品很少。數起來可讀的大約也只有由「碎」到「蛹之浴血」等數篇，多半是發表在中國時報的「人間」副刊。現在我把它們收集在這裏，因為那是青春的一點燃燒的痕跡。

　　出國後，讀書做事，經歷了許多人與事，想法做法也都

改變了許多。由懷疑到肯定，主觀到客觀，反映在文字中的也不再全是生澀的感傷和沈暗的色調，但離自期的水準還是有長長的一截路。可喜的只是從突破自我的層次上來說，大約有一些進步。這一個時期的小說，由「明天」到「失鄉」，都發表在中央日報副刊上。

　　由大三到現在，已差不多有一個十年過去了，寫了十年的文章，想起來是夠驚人的。但對一個愛寫，更寫了十年的作者來說，文字上的收穫也實在是少得驚人，我現在將它們整理出來，是希望能由這一番對自己年輕歲月的反顧之中，激起一些對將來的策勵。當然，如果這本集子能得到讀者的喜愛，便是最大最多的一種策勵了。

　　由於我人在國外，書之付印全勞家父芳憫先生的幫忙。而家母蘭仙女士不斷的鼓勵，也使我對此書的出版稍微有了信心。更感謝的是，我一向敬愛的作家王逢吉先生在百忙中為我作序。還有，我也在此謝謝正中書局將這本集子收入到他們的文藝叢書裏。

1980 年 4 月於洛杉磯旅次

—— 1980 年　正中書局

一汪清明養心的淨水

── 《投影，在你的波心》自序

　　一直執著於唯真、唯善、唯情、唯美。

　　而執著，總是伴隨著失望、失落、失誤、失意，種種令那青衫少年錯愕迷亂的情緒。

　　記得當時混沌未開，卻莽莽撞向生命深處，叩問相求，急欲索討一個答案，一點結論，一項報償或一種收穫。

　　千般赤誠，萬種熱情，但是不懂延遲，不肯後退，不願等待，不知自省，更不明白，

　　是路，就必得自己去踐踏，

　　是山，就必得自己去攀爬，

　　是水，就必得自己去穿涉，

　　是蒺藜，就得自己去剗除，

　　是頑石，就得自己去推翻……

　　而年輕氣盛的人啊，只一再地，一再地撲動著未成熟的翅翼，做那凌越關山的夢 ──

　　飛得越高，摔得也越重……

　　噬著傷，銳氣減了幾分，傲氣卻依然，只判定了 ── 時代是欠缺的，現實是虧損的，而人生，很醜，很苦。

我的青春歲月，遂也呈現了一種欠缺、虧損，有時甚且很醜很苦的面貌。

對於一個自視很高，自期很深，素顏青髮的唯美女子來說，這是一番艱險困阨的心路歷程。在那憂思無限而智慧有涯的年歲，尋不出世間情事的根由秩序，找不到安身立命的人生哲學，極度的迷失、惶惑，抒之於文字，盡是濃得化不開的悲戚與澀暗，而折筆焚稿，卻總難盡述……

我的第一本書，題名爲《失鄉》。於今想來，其實是不自覺地，反映了一種失去心靈故鄉的心態。

《失鄉》出版時，我已負笈異域。西出陽關，更形茫無所歸。整整四年日削月刻，冰封雪藏的日子。在那險阻困阨的轉折點上，感情、學業與事業交相逼纏，生活中發生不曾預期的驟變。我身不由主被剝離業已生根的北國，來到人地生疏的南方。

幸而，南方的晴陽是一帖良劑。霏霏雨雪的記憶逐漸遠去，凝冷的心開始解凍，荒枯的筆開始酥活，一疊疊素白的稿紙，也開始再度坐鎮在我的案頭了。

七年之後，我才整理出第二本結集 —— 《投影，在你的波心》。隔着半世風雨，七載流年，對往昔那番迂迴心路，也才有了較爲清醒而理智的分析。

那些濃得化不開的愁情，在清淡如水的字裡行間，被稀釋成粒粒沈潛的微沙，片片若隱若現的荇草。我想，這也是爲什麼，當你讀閱「生之美盞」，「春華」或「心靈的畫殿」等篇章時，仍然感到些許刺痛與牽絆的原因吧？

初抵洛城，我參與了一份中文報紙的創刊，正式接觸文字與文藝。以前隨心率性的寫，多是爲著紓解鬱結。出《失鄉》，則是急欲總結那段刻骨銘心的日子。

　　晨昏顛倒的努力，那份中文報仍因財力不繼而停刊。改爲論壇週報後，邀我繼續撰寫專欄。有了這份鞭策，我逐漸意會到自己對寫作的深情。隨後進入書局工作，有機緣接觸到更多中國文藝作品，逐確定了以寫作爲歸宿的意願。

　　至此，生命成長的脈絡終於昭然可辨。雲煙往事，終於攏聚如層次分明的波紋，歷歷湧現出它生滅的意義與痕跡。

　　蘭州初發的春江水，

　　月迷津渡的楊柳岸，

　　驚浪巨漩的無情海……

　　回顧生命早期的激悲與沈苦，心中仍盈溢着淡淡的哀遲。但省思之餘，竟也咀嚼出一絲甘芳。我憶起小學畢業紀念冊上一句贈言：

　　「美麗的浪花，來自阻過的礁石。」

　　驀然回首，這，不就是我要索討的答案與結論？

　　當然，雲翳仍有時會出現在那朗天潤日裡。諸般俗塵世慮，並不因著曾經生命雨季，而使我具有免疫力。

　　七年之間，我已由青春少艾跨入哀樂中年。那番歲月流光的折轉，令人震撼之餘更兼幾分泫然！而在那悠悠逝水的沖激之下，我強自堅持著，隱忍著，不願被襲捲，被淹沒。因此，玲瓏慧心的你也許已留意到了，我的筆，仍努力地捕捉一些夢幻的香息與唯美的色彩。然而，我知道，那已不再

是青春的囈語，而是我執意不肯被歲月老化，被流光污染的心靈境界。

　　是的。我的長江之中，依然不能免疫地有著礁石，有著漩渦，有著暗流，但江水九曲，我恆願記取的是，那源頭的明湖泉脉。

　　胸壑中的千波萬濤，終於凝定爲心湖裏的一塘涵碧。且讓生命中一些微末的、瞬息的美，如驚鴻照影，在清淺的波心裏，勾勒無怨的水紋……

　　這，也是我所要索討的報償與收穫了吧？

　　相信自己是一個很認真，很誠意的作者。但，丈量心靈的深度，探掘內在的美感，我的筆還嫌拙短，卻總不願錯過那些動心片刻。因而，結集在這的每個篇章，都用去許多的時間與精力才得以完成。緣此，我特別希望，這卷書裏的字字句句，都是自生活中提煉出來的一方明礬，爲我，也更爲你，在生命中過濾出一汪清明養心的淨水！

1988 年 2 月

—— 1989 年　林白出版社

醞釀生命的原味

── 《未加糖的咖啡》自序

　　自大洋那邊的故鄉回來，已有十數日。身在家裡，心在故里，夜晚仍睡不安沈。醒時，總有滿窗寒雨，嘈嘈切切，扣敲不寐人記憶門扉。

　　門啓處，雨的淚珠，再度落滿一胸。

　　多時以來，我底枕上，恆有一痕沁涼的漓濕。心中，恆有一抹潮潤的苔綠。

　　經常的寂然反顧，經久的凝然自省，使我不致枯竭、焦乾，也使多思多感的情性，在跋山涉水的歲月之後，反益加冰雪縞素般清白。

　　學子時期，不折不扣一名有所不爲狷者，孤高中隱含幾分憨傻痴迷。投身紛擾紅塵，友人眼裏的我，一逕持平沈穩，彷彿事事皆能心知肚明，有條不紊料理妥當。

　　然而，那些只屬生活歷練、智慧累積。不盡然真實自己。

　　真實自己一如往昔，並不飛揚盡性。悲歡喜怒拙於示人，對各項俗世的玩樂，則全然低能。唯一用以自娛和自處的，是不太好玩的寫作。

　　或在有風的窗下，或在無言的燈前，低首斂眉的自己默

默如枯井無波，心中卻常翻江蹈海，思想性情的千濤萬浪，鍥而不捨衝激那筆墨行文的沙堡。

砌堡的臂膀酸麻，指節摧損，依然初心不悔相信著，寫作，是一份良知的活動，是一樁性靈的玩樂。也因此，只寫令我深有所感的題材，只營造一種真實透明的世界。

那個世界，不盡歡悅，不盡完美，但生活，原就不是，不是一帖興奮劑。

未加糖的咖啡，有著淡淡苦澀，卻醞釀一份生命原味的芳醇雋永。真摯的付出與熱烈的焚燒，也許總是伴隨挫傷與失意，但，那切割面愈多，雕鑿層次愈深的鑽石，不是總能折射出更動人的光芒嗎？

所以，我一直這樣覺得：

惜愛的心，是端凝的明鏡，因為澄淨，也就容易映見塵埃。

求善的心，是臨水的柳條，因為柔軟，也就容易委屈、低垂。

且讓發源於愛心與善意的作品，成為清泉一脈，給自己，更給所有深具愛心和善意的讀者們、朋友們，一個永不枯竭焦乾的性靈家鄉！

1988 年 11 月

—— 1989 年　希代出版社

捕虹的季節

── 《虹霓心願》自序

這將是我的第四本書，寫作路上第四枚心願。

那個初冬的黃昏，我在一疊厚厚的文稿封面，鄭重題了書名，細心簽上自己的名字。吐一口長氣，把俯身久坐而致酸痛的軀體，投入窗前的沙發。

整理剪報，修正文字的工作已斷斷續續進行多時，現在終於告一段落。

夜色自對面山頭舖罩下來。如同一疋墨黑軟絹，展示出千顆萬粒的燈火碎鑽，恰似一方所有星子都列席了的完美夜空。

居住在另一座山頭的我，事了一身輕的感覺之中，飄然有如來到這些星宿之上。

啊，星宿之上，我忽然醒悟，那不就是所有美麗的根源，所有虹霓的家鄉嗎？

我是個貪戀生命卻又拙於度日的人。時時渴望，活出星空的高度和虹霓的姿顏。然而。柴米生活必須腳踏實地，要在尋常時日中變化出七彩繽紛的氣象，對我而言，簡直就是一種魔術了。

　　有人這樣告訴我：生活，難在哪裡？有的是多彩多姿的去處。歌舞飲宴，股市雀桌，過日子真叫做分秒必爭。然而，那種衝鋒陷陣或耳熱酒酣的時刻，總是給我留下後遺症。諸如酒醒的空虛，散席的倉皇，得失之際的恐慌……

　　畢竟是一介有所不爲狷者吧。我難以適應芸芸俗世的鶯飛蝶舞，卻在雲淡風輕的文學之中，找到了安慰與歸宿。

　　幸好，週遭儘管紅塵滾滾，市煙瀰瀰，我的心靈並未受損，筆墨並未枯竭，感覺系統依然完善，文藝細胞依然健在。於是，靈思乍現的種種歡喜，種種覺悟、種種美，就在心的底片上感光了！於是，一些個清明的片刻，一些個動人的片段，就在素白光潔的稿紙上顯像了！

　　而這種種清明的歡喜覺悟，種種動人的美，才是，才是將生命羅織成一道長虹的七彩繡線！

　　爲此，我願作一名小小的織工，用文字的機杼，細紡慢繡，字斟句酌，將這種種內心感動，編織出最溫暖熱烈的生命原色，獻給所有仰望星空、嚮往虹霓的人們。

　　這也是我今生永世不變的心願。

　　　　　　　　　　　　　1990 年 1 月微霜星夜

—— 1990 年　漢藝色研文化事業有限公司

致有緣相遇的你
—— 《沿著愛走一段》前言

雨果說：「愛的釀蜜，使生命吐露花朵的芬芳。」

我想，正是因為愛，所以我們關懷，我們思索和成長。

也從而，有了記憶，有了文學，有了書以及書中的深情。

這卷書冊中的篇章，都曾在過去兩、三年的聯合文學、美國世界日報以及台灣一些暢銷報刊登載過。結集成書，希望能為有緣在生命沿路相遇的你 —— 無論識與不識，收羅幾許芬芳。

1993 年一個有陽光與風的晚春午後

本書書衣箋註：生命行旅中，對天地人世的關懷與愛戀。結構精緻，意境高雅，內容深刻。

—— 1993 年 漢藝色研文化事業有限公司

在星的國度迷航
── 《夢，已經啓航》自序

　　那一年，放棄了一紙明星中學的聘書，把世家子上門說媒的誠意拒於千里，一逕眼高於頂地，以爲飛揚的雙翼，將載我奔向星星的國度。

　　也以爲，那個國度只在有夢的雙瞳映現。汲營於柴米，被世塵披靡得灰頭土臉的芸芸眾生，無由見識。

　　便是這樣懷著不著邊際的夢想，越關山，渡重洋，我來到天涯海角。空寂、幽深的夜裡，一枚枚碩大的星粒在更迢遙、更不著邊際的遠方忽明忽暗，似一顆顆青色獠牙、乘勝追擊已無力再展翅的我。

　　一地紛墜的星華，如夜的屍骸。

　　在星的國度迷航、墜落，所幸沒有粉身碎骨。所幸指間還握著一枝筆，成爲療傷止痛的手術刀。寫《黑夜之心》的康拉德，在一紙致友人信件中訴說著：「我雖沒死，卻也半死不活。」這位波蘭流亡作家指的是創作。我一遍遍讀那毫不矯飾因而赤誠的字句，彷彿觸摸到自己顫慄、掙扎的靈魂。

　　同一短箋上，康拉德說：「我寫得絕望 ── 但仍然在寫。」於我，異域的經驗，也是某種程度的流亡。那種創傷，只有

用利刃般的筆剡向心靈深處，才能抹除、根治。碎裂的感覺，逐漸癒合爲淡淡的文字。而將濃如酒、稠如血的生命汁液一飲而下，竟也品出了淡淡的甘芳。

終能以一種重生的姿態，再次感受和愛，簞食瓢飲中，滋生的是雋永的世間情味；異國的城市，也煥發出繽紛多彩的容顏！

僅數年前，堅持形而上的我，是不會寫《春夜的饗宴》、《城中徜徉》之類關乎市井閒趣的篇章的。今天，我卻以一種愛寵的心情，將它們納入我最新的結集，一如我將落腳的土地納入胸懷。

驀回首，我曾遠離而終難相忘的島嶼，又在生命的水域浮凸出來。恰似一方沉潛貞靜的玉色紙鎮，安撫著動盪的夢之急湍。曾在世界上許多誘人城市佇留，一再想重回的，恆是那島。

緣此，關於島的那一帙文字，便不止於一個旅者的浮世印象或微雨心情，而是漂泊的宿命中，恆久不變的一種至情。

因著這樣，特別要感謝爲我出這冊小書的朋友。他們深深了解，一卷書帙，典藏的是靈魂中最高華的品質，也是一個寫作者對生命最美麗的獻禮。

　　　　　　　　　　　　　　　　　1996 年夏

本書書衣箋注：著墨於移居異國的種種心境轉折，從初抵的不適、懷鄉、念舊，到接納了她落足的地方，並逐日溶入那的生活。但返鄉時重溫舊事、重見故人的心靈激盪仍澎湃不已。身在異域與重臨故土的兩地對照中，隱見尋夢的痕跡，與奮鬥的歷程。加州洛杉磯核桃市曾推薦此書為新移民必讀。

　　　　　　　　　—— 1996 年 躍昇文化事業有限公司

慈悲的足印

── 《流浪城》自序

　　一直被認為是幸運的。書香門第。算得上聰慧。夠用功。長得還討人喜歡。老師常用的評語是「品學兼優」。

　　這樣一名青青學子，好像正一步步邁向朗天潤日的前程。與什麼流浪、出走、失落的一代，世路崎嶇這一類名詞不可能發生關聯。都這麼認為，我也是。

　　然而，內裡潛伏著的某種不安的因子，卻在青春期以後日益壯大了。外在表現仍不負眾望，心靈深處喧騰著莫名的騷動與苦悶。老想掙脫什麼似的，渴望飛翔、渴望遠方。且開始對既定的規範與教條產生質疑。

　　或許因著對一切太過認真、太執著於追根究底的緣故罷。水般清淺的外表下，竟是熾燙如岩漿的魂靈。才氣縱橫的二十年代文人梁遇春曾如此自剖：「最感到苦痛的就是我的心太活躍了。」活火山一般的心是生之煉獄。埋入厚厚的哲學典籍之中，我焦渴地尋索存在的意義、真理與價值。在沾染著悲情、唯美與理想色彩的年歲，我執意探向自己的內心世界。不屑於俗世的讚譽或期許，無視於深情男子眷戀的目光，以為浮生種種俱屬煙幻虛華 ── 眾人眼中，我突變為

桀傲自負的冷色女子。

　　懷著一種不被了解的亙古寂寞，我飛離了家鄉。仍堅信，這世上必有一個了解我的人在驀然回首處等待。然而，行走陌生的國度，荒城落日，野漠窮秋，我在異域的悲風中碎散，如一枚無足輕重的、透明游離的單細胞。

　　深深的挫傷之後，遠避海隅，舔乾淚和血，在一扇可以遙望風帆與鷗鳥的軒窗下，我讀到盧梭的句子：「除了身體的痛苦和良心的責備以外，我們的一切痛苦都是想像的。」

　　智者的言語如清風朗月，拂照我桎梏的心靈。漸悟自己並不具備不羈浪子那樣的瀟灑，或是天涯獨行那般的孤絕。與其說我喜愛浪遊天下，不如說我的心曾經脫序，在不屬於我的軌道上運行。但是，異域的經驗，終於使我更加明白了自己。柔軟、至情、多感。僻處內心世界，畢竟不是一個有溫暖、有熱度的人的本質 —— 與這紅塵俗世，仍情緣未了啊。

　　因此，這卷書帙，想是比較不同於我的前六本結集的。以往，我細細拾掇心的吉光片羽，極力地用無瑕的字句雕琢美。讀者與編者俱曾表示：「你的筆下，呈現美麗的心情國度。」而世途輾轉、心路崎嶇，我終能投入沸沸揚揚的人間煙火，甘於成為一粒雖微細但有溫暖、有熱度的火星子。美，是高境，畢竟並非實質的生活。而流浪，卻是生命的真相 —— 我們在歲月裡流浪，我們每一時刻都在和上一分秒訣別；我們在城市與城市之間流浪，只有愛和慈悲的足印留下。

　　而當我的筆在紙與墨之間流浪，正是由於愛，由於慈悲，澎湃不已的靈思才能凝定為一粒粒恩深情重的文字。我想，

我終究是幸運的。因為,當一切湮逝,只有文字拓下的足印緜延不絕。

　　緣此,特別感念那些以愛和慈悲待我的人。親人、朋友,予我諸多鼓勵的編輯們。還有,無論我在天涯那一隅,恆以書簡稍來殷殷問候的讀者。為我第一本書作序,又為這本書催生的文壇前輩王逢吉先生。他們的善意,使清寂的文字生涯有了溫暖,有了熱度。

1996 年初冬於洛城

　　本書書衣箋注:以感性的文字、理性的思考、知性的觀察,表達一種人間關懷。在人生行旅中,回溯過往,審視駐足的城市,親近其人文及歷史,並以旅者深情的眼和探索的心,鑑照風景與世情,心境與人情。被推荐為中學以上課外閱讀好書。

—— 1997 年　幼獅文化事業公司

在感傷中沉澱關懷

—— 《花中歲月》自序

　　曾在《虹霓心願》這卷書冊的自序中說：「這是我的第四本書，寫作路上第四枚心願。」

　　那是一九九〇年，剛剛進入世紀的最末十年 —— 雖是人為的界定，不免暗喜還有十年可以施展身手。用虹霓作書名，隱然洩露心底潛伏的飛昇的願望。

　　一路顛躓行來，今夕再回首，已在寫作道途拓下第八枚足印了。

　　此際不自覺用了足印這兩個字。突然就發現自己較數年前沉斂許多，不再心比天高，只是無悔、持續地走著自己選擇的路。

　　第八枚足印，有待加強的數字。令人歡喜的是能用文字表明心跡，並結集成美麗的書帙，與讀者分享生命中種種可承受，但不能遺忘的輕與重。

　　文字的機杼上，我以繁花色澤織錦。織出一段段醇厚記憶。人間歲月若麗似春花，只緣轉瞬即逝的花樣年華，在恩深情重底字粒之中，尋到了永恆的可能。

　　文學的蜂房裡，我以採蜜的姿態，努力汲取生命中最熱

烈的香息，例如音樂與藝術，例如親情與人緣。那份沉香，總在憂傷紛擾的時刻予我撫慰。也希望能為同樣走在崎嶇世路上的朋友，收羅幾許芬芳！

綺花瓊蕊，或含苞、或盛放，皆預示了凋殘的必然。敏感的文學心靈，遂悟人世的原相終屬琉璃易碎。然而也正因如此，我們才必須把握這剎那的光燦，活出最美的姿顏！

每重回生長之地的島嶼，心境總會游離於過客與歸人之間，思緒常在往昔與今天中纏絞；行走時新但陌生的建築物下，視線忙著捕捉舊時情景。急切地，想要填滿因空間距離產生的感情斷層，想要平衡因時間距離造成的心情落差──因為這樣，我更願用心拾掇重臨舊地的種種情感轉折，對這自我發源地的島鄉，我持續渴慕一如浪沫渴慕海洋、飛鳥渴慕天空……。

畢竟已慣作一名旅者吧？戀鄉的同時，我亦渴望觸向遠方，卻又因著知道終將離去，短暫浪漫的停佇便總是憑添幾許感傷氣息。用溫暖的筆調書寫一個冰雕雪塑的世界，試圖化短暫為永遠，於浪漫中覓真實，更在傷感中沉澱一份關懷與眷念。

願你的足印，與我的相疊合，天涯並肩，成就生命中最恆久的香息。

1998 年早春

本書書衣箋注：宜於懷念的春夜，宜於深思的秋夕，且把瀰瀰市煙、滾滾紅塵摒擋窗外，蓬丹的作品恰似一盅好茶，讓您於氤氳香息中品味生活之美，也自淡淡苦澀中提煉性靈的甘芳。文字清靈水秀、筆觸細緻、審思透澈，關懷青春與記憶、音樂與藝術、親情與人緣、現代人的出走與回歸，蓬丹為讀者展現一個高華的、熨貼的生命情境。為中國泉州華僑大學研究所推荐讀物。

—— 1998 年 健行文化出版公司

牽　情

── 《人間巷陌》自序

相信，所有執筆者都曾這樣感受過：捨離了紙筆、毫墨、與那一角用以埋首的案頭，自己便彷彿成了一具蒼枯失血的空殼，在荒涼的人世之中迷走。不辨方向，甚至沒有目的，因此，跋涉於字裡行間，更差似一種尋索靈魂，填滿空軀的歷程。

也曾欣羨某種灑脫孤絕的人生。任歲華流過，沖淨記憶之城堡、時光之沙丘，仍能揮手自茲去，不留片語隻字，不帶走一片雲彩。只活在目前當下，不失爲一種快意人生。但多數的人還是活得牽牽絆絆，難能拿起，亦無法放下，然而，人世的阡路陌巷之中，正因這些令人頻頻回首的懸念，這些令人不捨或忘的牽情，我們才明白了意義之所在，才知曉了永恆的可能。

也因此，書寫的宿命，便成爲執筆者艱辛而又美麗的負荷。無論是溯游於心靈的深巷，或是行走於天涯路遙的一隅，我的瞳眼恆在注視，我的筆尖恆在尋覓，我的心胸開敞如一紙素白稿箋，總在試圖將雲煙塵事，凝定爲一枚枚神奇的方塊字。關於詩文筆墨，關於情色男女，關於足底征塵，每一

顆字粒,都在這長路分歧、風雲詭變的人間世鐫下溫柔有情的足印,希望能填捕靈魂的空缺,爲生命增添一抹血色。

　　也希望,所有俯身讀閱這卷書冊的世間人,都能因著此番的相遇,重新尋獲某種溫柔、某種有情。

2001 年　仲秋洛城

　　本書書衣箋注:生命中總有些永誌難忘的交會,透過作者溫柔有情的書寫,讀者也能拾取那交會時互放的光亮,感悟無常中顛撲不破的真理。每一條路徑,俱是無可取代的經驗。每一種經歷也都給予生命沛然如注的滋養。使人生更爲豐富、深沉與多彩。爲台北國際書展中,出版社推荐簽名書。

── 2001 年　瀛舟出版社

秋蓬紫陌見丹誠

—《詩書好年華》自序

　　初度在洛杉磯籌辦文藝活動是一九八四年。王藍先生的「學到老、寫到老」演講會吸引了數百位聽眾，我才知道一向被認為俗氣的商業都市有如此多文藝人口，也使往後參與籌劃類似活動的信心大增。

　　實際上舉辦這些活動的動機非關經濟效益，全然只為一份文學的熱情。正如後來開辦中文寫作班，亦是緣於一種在海外薪傳中華文化的使命感。由於出發點純正，辦事就特別投入，因此每次活動內容都很紮實，講員也是一時之選。歷年來我曾對其中一些活動作過報導，為的即是讓未能參與的朋友們，得以分享那份被文藝滋澤的喜悅。

　　今夕回首，距王藍先生的演講會，居然十六個年頭已匆匆過去。為使這些雪泥鴻爪的痕跡 —— 其實是海外華人在有限條件下，孜孜行於文藝道途的腳蹤 —— 不致湮滅，我將這些報導篇章用心整編、結集，試圖留下的是，大洋那邊華僑緬懷華夏傳統的點滴情懷。

　　想用文字記取的，不止是異鄉遊子不忘本的精神，有些近乎絕響的音容、言談，或許可在字裡行間再度讓人回味。

例如劉海粟大師已於數年前作古，我記述的是他在洛城唯一
的一次演講會。司馬中原，蘇偉貞都只在八十年代末來過洛
城，下次要再來此地與他們晤談，肯定是跨世紀的事了。阿
城雖人在洛杉磯，過的是半隱居生活，不易找到，更別說公
開演講了。

　　兩期中文寫作班，至今仍為此間文藝愛好者所傳誦，深
感意猶未盡。可惜我們都是業餘在作這種公益活動，力不從
心未能續辦。

　　有一篇「兩千多個豐富難忘的日子」，談的是洛杉磯作
家協會成立六年的點點滴滴。其實從事文藝工作十六年來，
可說日日是好日。而在二十一世紀到來之際，總結這一段與
詩書相伴的歷程，並非不能忘情於過去，而是希望檢視來時
路的同時，為另一段更豐碩、更高遠的腳程開啟一種契機。

　　這卷書帙也是我九本文學創作之外，唯一的報導性作品
結集。在新世紀付梓問世，意義尤為深長。這些年來，能在
文學的天空自在翱翔，得感謝許多人 ── 報刊編輯、前輩、
親人、文友、讀者、還有媒體工作者，無一不在這些可資回
憶的活動中扮演舉足輕重的角色。

　　因此，這卷書冊也可以說為他們而編寫，他們的名字也
許沒有一一在書中出現，緣由於共同的志趣，許多人已結成
無需言詮的朋友。在人情詭譎、世事多變的生命行旅之中，
朋友為我見證的美好情事，足以使人滋生越戰越勇、直往不
悔的力量。

　　「秋蓬紫陌見丹誠」之句，原是洛城書法家張懍仇先生

手書相贈之篆字，時年八十二歲的前輩，對丹心文情之昭然若雪倍極讚賞。在此借用為自序之篇名，亦是對故去長者的紀念。

當然，書中所記載或許非關承先啟後之春秋大業，所欲呈現的原是一種認真，盡力的書寫人生，在文學的大海中做一枚身姿昂揚的美麗泡沫。在文學的穹蒼下，飄飛的籽粒，將拔根的痛楚留給自己，將吐蕊的芬芳獻給大地。

2002 年

本書書衣箋注：本書以感性紀實的筆調，撰寫有關海外文學活動的報導，共計十七篇。

書中呈現的是一種認真盡力的書寫人生，與一份嬗遞華夏文字之美的文學理想。表達了海外華人戀慕中文的情懷，以及如何設法親近血脈相連的母國文化。基於一份在海外薪傳華夏文化的使命感，作者參與並報導多次的文藝活動，使海外華人勉懷祖國文化、在有限條件下孜孜行於文藝道途的腳蹤，不致湮滅。除了是一種歷史記錄，也可做為繼來者的參考。

—— 2002 年　長青文化公司

迷　情
── 《每次當我想起他》自序

　　人生如謎，生命的每一階段，好像都在嘗試破解謎題。

　　而人生的諸種萬般謎面，在歲月的淘洗下終將逐漸清明。如剝洋蔥般，伴隨著眼淚和刺痛，但謎底總會一層層揭開。然而，唯有關乎愛情的習題，似從來也找不到確切的答案。

　　我曾在一篇名為「謎中謎」的短文中，將這份迷惘訴諸筆墨。多年之後，踏過半個地球，住過許多城市，遇過不同的人，遍嘗相識、相知、相守、相離的情愛滋味，也看盡週遭情天恨海的變異沉浮。然而至今，仍只能像古往今來的眾多紅塵男女，迷情中人，常常向蒼天叩問：「問世間，情為何物？」

　　如果有人仔細參閱大英百科全書，可能會注意到一九三五年的版本，有關愛情的詮釋佔了十一頁，原子的那項條目只佔三頁。到一九六六年時卻完全顛倒了，原子的說明佔了十三頁，但愛情只剩下一頁，愛情兩字怎生書？是越發不易解讀了。

　　古往今來，各種公式定理被發現，被印證，被運用，但

無論怎麼鑽研愛情學，甚至與之相關的心理學，人體化學，宇宙學，還是找不到一個放諸四海皆準的原則，只能沿用一句老話：「如人飲水，冷暖自知」。

　　在這瞬息萬變的時代，欠缺安全感的人心其實越加渴求，懷想，嚮往與期待，那種堅貞、永久而純正的愛情。所以莎士比亞的作品才這般歷久彌新，《少年維特的煩惱》純情的初戀才這般令人百讀不厭。

　　在這些古典的愛情之中，一個人的人格往往因著對另一個人的付出而昇華。過去的世紀中，謳歌深情，吟詠真愛的詩篇源源不絕，歷久不衰，正是由於人們將真情轉化至心靈的崇高層次。熱烈的燃燒並未使人成為不知克制的單細胞生物，反因而更能遵守道德的尺度，責任的規範，以及審美的準則。

　　時至今日，冰清玉潔的靈魂，卻往往在粗礪荒謬的現實之中遭到折損。越是滿懷理想，滿腹真情的，彷彿總是必須承受越深重的試煉。

　　但是，能夠全心全意的付出，何嘗不算一種幸運？

　　能夠相遇在有能力傾心相愛的時刻，何嘗不值得感激？

　　能夠共同擁有一段日出日落的記憶，用心營造一份專屬彼此的情緣，何嘗不是麗似春陽的人生腳程？

　　這卷小說集中的故事，分為「星墜」「孤光」「浪碎」三峽。

　　「星墜」的三個極短篇，嘗試以警世手法寫情之所傷。

　　「孤光」所敘的是青春無悔的執著之愛，關懷屬於心靈

碰撞的情之所鐘。

「浪碎」則刻劃沉浮情幻的世間男女，悲憫那種如夢一場的情之所止。

讀來似乎結局都不圓滿，有的甚至可說十分慘烈，高潔的人格原本無法保證生命的順暢或戀情的完整，在芸芸濁世中如此直往不悔的人物，其實早已成爲稀有族類。但他們雖然存在著，爲愛而受苦，爲愛而走向不幸的結局。然而，他們也曾擁有過屬於他們的幸福。因著不肯隨波逐流的人生態度，因著不計後果的支付真情，他們激烈而極端，從而不能見容於這個弔詭功利的社會，但他們以自己選擇的方式活出了存在的深度與熱度。正是這一點，使俗眾眼中的悲情人物有著無可比擬的尊貴。

每次當我想起他，他可能就是我們身邊沉默的、受困的、努力想要突破縛繭的蟲蛹啊！

希望讀者在這些故事中感受到的不盡是傷懷，而是對這類人物的同情與感恩。因著他們，我們方知活著有其尊貴的內涵，並因而有所認知：

重山疊水的人生風景，
等待轉折之處，
爍星再次燃亮，
陽光再度叩訪，
且看一波波湧浪，曾經憂傷崩裂，
終將重新開出美麗的水花。

本書書衣箋注：本書作者爲知名散文家，而明曉她初執筆創作是寫小說的不多，但她一直無法忘懷這文學上的初戀，因此將近年對於情愛的觀想展現在這卷小說選集之中。文字清靈水秀，筆觸細緻，審思透澈，嘗試捕捉人心深處幽微隱密的渴望。以詩般優美的散文筆調，書寫世間情愛的迷惘與迷戀、荒謬與荒涼。

　　　　　　　　　　　—— 2003 年　瀛舟出版社

作者的話
── 《追求完美的藝術大師 ── 米開朗基羅》

　　記得大學時，一位喜愛美術的同學介紹我看一本畫冊。當時我就爲畫面中眾多表情姿態各異、栩栩如生的人物所著迷。那有力的筆觸、完美的勾勒、生動的構圖，有條理地講述聖經「創世紀」的故事，繁複壯闊的場面令我兀自震撼著。不過對藝術沒有深入研究的我，還以爲那是一幅幅平面的畫作。

　　那也是我第一次欣賞到文藝復興三巨匠之一的米開蘭基羅的作品。後來去到義大利，當然不能錯過親臨聖彼得教堂一睹真跡的機會。此前我已了解「創世紀」的故事，其實是繪在西斯汀禮拜堂的天花板上的。我心忖，那當然是以一種違反常態的作畫姿勢來繪圖的吧。在禮拜堂中，我把頭部後仰，不多時就感到脖頸有點酸麻，我不禁暗自驚奇，藝術家是以怎樣過人的耐力、怎樣高超的技藝，來完成這般特出的曠世巨作呢？

　　我也想到，米開蘭基羅在離地如此高的天花板上作畫，一般人無法靠近鑑賞，就算他不注重細微末節，可能也沒人會注意。然而他並沒有因此而忽略細節，畫上的每一根線條、

每一片光影都是那樣精緻而真實,也因此能夠通過時間的考驗,即使現代的放大鏡,都找不出什麼缺失!

之後我在一篇有關歐遊的文字中讚嘆著:「在如此孤高幽寂的絕頂,完成如此氣象萬鈞的作品,不愧是不世出的奇才!」

當然我也去參拜了聖母慟聖子像,以及到佛羅倫斯觀賞大衛像。這兩尊不朽的雕刻,讓人對米開蘭基羅多方面的才華更加仰慕不已!關於大衛雕像,我在那篇文章中亦曾以浪漫的情懷寫道:

「當年充滿藝術激情的米開蘭基羅,是否曾在可以眺望佛羅倫斯的山崗上默然佇立?他舉目遙望穿過市中心的阿諾河,那閃著金光的悠悠逝水,使他深深傾倒於美的力量,而引起哲學的沉思,而發出靈魂深處的嘆息。他身邊不遠處,是否恰有一位同樣陷入了冥思的俊逸青年,青年發亮的肌膚與偉岸的身軀,便成為『大衛』的靈感泉源?……」

能夠深入且有系統的對米開蘭基羅作一個全面的探索,必須感謝策劃三民書局世紀人物 100 系列叢書的簡宛女士。她不僅是我師範大學的學長,也是多年來對我鼓勵有加的文學前輩。但因分別居住在美國東西兩岸,不易見面,很高興在二零零三年,我獲得「世界華文文學優秀散文獎」,在雲南昆明的頒獎典禮上,我與簡宛姐再度聚首。她初次向我提及這套叢書的計劃,次年我選擇以米開蘭基羅作為書寫對象。

在收集中英文資料、研讀不同的傳記、查證書籍與史實的編寫過程中,我才深深感受到,米開蘭基羅之所以能夠受

到舉世推崇，歷五百年不衰，是「真金不怕火煉」的典範。就如同他手下那粗礪的石塊，需經過多少的研磨雕鑿與錘鍊，他憑著的崇高的信念、持續的學習、堅定的意志，突破種種困難，更見證了他對藝術與美至深的熱愛。他甚至把冰冷靜默的石塊當作是有靈魂的胚胎，認為其中都有一個活生生的形體呼之欲出，他也以自己的生命來回應，才得以使其每件作品都充滿強烈的震撼力。

　　有些人可能以為終生未婚的米開蘭基羅個性古怪。本書著重他的作品，對其私人生活著墨不多。然而從每一件作品的背景，我們都能了解到他對家國和人類的大愛。從他自開始賺錢後就不間斷供養父親與兄弟，或是將一些小型作品當禮物送人且又自奉甚儉的小故事中，我們也可發現他其實是一個相當有人情味的。

　　他的作品為他帶來金錢與盛譽。但雕刻大理石原是一項極其艱鉅的工作。有一本書中曾這樣描寫：「石屑佈滿了他的臉和身體，使他看起來像個麵包師傅，大量的汗水將灑在臉上的碎屑凝結成塊狀，黏土似的沾在兩頰。現代的石匠有護目鏡保護，五百年前，他是赤手空拳在與頑石進行一場戰鬥。」

　　他出眾的才華無可避免遭到嫉妒。西斯汀禮拜堂的「創世紀」其實是在被迫的狀況下去畫的。當時有另兩位也十分有名的藝術家，明知他精於雕刻，但不熟悉天花板濕壁畫的技巧，卻極力慫恿教宗指令米開蘭基羅去從事這件工作，米開蘭基羅儘管百般不情願，一旦接受了這項任務仍全力以

赴。我相信，對手想看笑話的心態反而激發了米開蘭基羅的潛力。

　　作爲本書作者的我，也希望能藉著這些實例，啓發青少年不畏艱難的精神。不管遇到多麼大的困境，都要維持信心，設法將障礙一一克服。這個過程無可置疑是相當艱鉅的，有時簡直超越了人所能忍耐的極限，但也因此，我們更要仔細研讀米開蘭基羅，從一位偉大人物的奮鬥歷程中，學習如何去面對生命的挑戰。

　　在此要感謝三民書局編輯的辛勞。由於這是一本傳記書，他們在年代、人名等史料上非常細心的核閱。也感謝幾位朋友在搜尋資料方面提供的協助。對於初次撰寫傳記類作品的我來說，這恰是一次難忘的、追求完美的創作經驗。盼望呈現給讀者們的，則是一段完美的閱讀時光。

2007 年十二月三十一日

—— 2008 年　三民書局出版社

第二帙　研墨心情

蓬丹撰述關於濡墨提筆、
在文字田畝中耕耘之心路歷程，
娓娓道出一個書寫者的心意與深情。

八十年代蓬丹三書

詩書知已

　　我的工作是爲此間一家中文書店編製目錄，目的在於促銷書籍，有時也必須和顧客直接聯繫，因而算得上是「賣書人」吧。

　　曾經不止一次有人問我：「你在書店做事，怎麼我每次去都沒有看到你？」我想大多數人的觀念裡，在書店做事，就是在櫃檯前販賣一種叫做「書」的商品。許多開書店的或計畫開書店的也如是想，認爲這是一門毋須任何專業知識或特殊技能的行業。所以，退休來美的想開家書店養老，手邊有些閒錢的想開家書店試試身手……。因此，這裡儘管號稱十餘家書店，有些卻因銷售項目太多而更像雜貨鋪，有的因囤積廉價書、過期雜誌而類似舊貨攤，有的因老闆與顧客經常聊成一片，而令人以爲是供休閒的茶肆。

　　沒有書香的書店，並未給此地增添多少文化氣息。

　　想起十年前在圖書館工作時，也曾多次被問過這樣的問題：「我每次去借書、還書，都沒有看見你啊？」相信每個人都出入過書店或圖書館，但直到現在，一般人對書籍的處理和功能，仍然沒有進一步的認識。

　　其實大批圖書之所以能讓人知道並加以利用，端賴目錄

的傳遞資訊。我在圖書館負責編製書籍卡片，現在負責編撰新書目錄，都是為了把書的消息提供給大家。

　　然而，這兩者皆是靜態的幕後工作，內容並不耀眼，過程亦不繽紛，所以也實在不易被察覺、被認知。

　　編撰書目較之編製書卡更加需要清明的心靈、安靜的環境。因而，我常常關上辦公室的門，將自己封鎖在一方斗室內。有時一連數小時無人來干擾，或許連電話也沒響一聲。乍自書堆中抬頭，但見白壁森森、青燈儼然，只我一人在那寂天寞地裡，會驀然一陣心驚。書的世界，有時溫旭遼闊，有時又彷彿閉塞得令人喘不過氣來。神清氣爽、感受尖銳時，短短數行即能將書的精要提綱挈領。而思路阻厄，靈性盡失時，筆下遲遲不能出一行字。

　　每期目錄，我均如是歷經心靈的順、逆流。而一程復一程，一行又一行的激蕩衝刺，我與書似乎愈加難以割捨了。

　　目錄也是郵購的媒介。為使那天涯人、海角客均能讀到中文書冊，我設法拓展書店郵購業務。我們的工作臺上備有各種不同尺寸與質料的紙盒、各式標籤、塑膠帶、大小磅秤和郵票、剪刀、割刀等。讀者即使只要一本書，我們這裡也得全幅武裝上陣 —— 從開始找書，到寫發票、包裝、秤重、付郵 —— 一項過程也不能省卻。

　　因而我常常覺得，那一盒盒、一箱箱方正平整的郵包，是賣書人所為之汗下、勤加耕耘的田畝。

　　那成箱成盒的書，也許才渡海而來，正等待被拆開、被清點、被標價、被上架。或者將付郵而去，越過重山疊水，

去赴一個愛書人的約。

　　那人，是否已準備在一扇有著陽光與花影的窗下，與它廝磨整個清靜的午後時光？

　　而工作檯前，書頁削薄銳利的邊緣，劃過賣書人的手，纖細而突兀的痛楚，令他輕呼起來。那指上的血痕，似在表明一種盟誓，但是書，書始終那般冷肅無聲。叫人頓然覺得，所有的典籍牘冊，都不過是一疊無情的紙張。

　　然則，也有這樣一些時候 —— 當一方素淡的函簡握在手中，薄薄的紙箋，捎來厚厚的謝意，那是一名讀者為快速完善的郵購服務，向我們致謝。

　　當一通遠地的電話響在耳際，溫言款語裡透著興奮，因著一本久等不獲的書，在我們的目錄中被發現了。

　　當一名作者來訪，看到他自己的著述，淨潔無塵、安全穩妥立在架上，遂友善地向賣書人自我介紹。並在作品的扉頁，用心地為我們題字。

　　這些時候，總是忍不住讓人意識到，那份愛書的初心將永遠不變，那份惜墨的素志將永遠不悔。

　　無可否認，以功利觀點來說，賣書確然不能給人帶來高官厚祿，而愛書惜墨的執著，有時甚至叫人憔悴清減。可是，賣書如果不為養老，不為玩票，不為試身手，而純是由於對著述者的推崇景慕，衍生成對書香墨色的傾心摯情，那麼，這行業便成就了一番知遇，成全了一種因緣，成為一份你原為之汗下、勤加耕犁的事業了。

（原載虹霓心願）

研墨心情

自認為是好寫作的。而多年來，作品數量，始終未能達到自我期許的目標。

常常獨坐桌前，有很明媚的窗景，很安靜的環境，很潤滑的紙筆。唯一不明媚、不安靜、不潤滑的，是腔子裡那顆心。

那顆心，如同枯竭的廢田，空虛的荒地，難以滋生隻字片語。簡直令人懷疑，當年作文課上，寫作經驗不夠，人生經歷不多，怎能在兩個鐘頭之內完成一組篇章，從不會遲交，更不會脫期？

中學時，每兩星期，有一回作文課。兩堂連上，作文得用毛筆寫。課前有人開始慢慢磨墨，心情倒不像上別的科目般如臨大敵。

老師把作文題目寫在黑板上了。斗大的字，是起首的試聲。四下跟進了嘈嘈切切的弦外之音。自認為深得我心者微笑頷首，覺得缺乏共鳴者攢緊了眉尖。

偶而，老師會讓同學自由命題。這時，更是幾家歡樂幾家愁了。

大勢底定，老師或坐鎮講臺批改作業，或囑班長管理次

序後便離席而去。台下人或振筆疾書，或埋頭苦思，交頭接耳，偷看閒書者也不在少數。更有人趁機作別科作業。

　　我通常必須先起草稿，初提筆多半也不知寫什麼好，但心緒專注了，有些意識與感受便逐漸自內裡蘇醒、繁衍。這時，開始細細地在硯上研墨，濃濃的墨香四溢，已在等著被凝結成一枚枚筆劃清晰、骨肉均勻的字粒了。

　　大一國文課還得寫作文。此後，正式告別作文課，再也無人鞭策了。要寫，盡可以隨興之所至，心之所感而寫。然而，從此再無以前那般的效率，再無法在兩個鐘頭內完成一篇作品。

　　題材是不缺的。成長後歷經不少的人與事。但事發時，往往衝擊力太強。當感情在心中激蕩翻騰，特別有寫的欲望，但總是語不成句，句不成文。隔了一陣子，一切復歸平靜，便有些意興闌珊，覺得不提也罷。又推說，等心境再清明一些，下筆才會自然，行文才有條理，卻常常候不到那一日。

　　年輕時，天高氣爽的日子多，見山是山，見水是水。情緒便平順如綾緞，什麼都皺褶得一目了然。而風雨幾番，流年偷換，生命，已成為一疋層層印染的布帛，五色紛紜，莫衷一是。

　　因此，當我低首斂眉，展開稿紙，試圖在心裡耕耘，卻只延攬一胸蕪蔓之時，便常常不免執筆而歎，甚至落荒而逃了。

　　墨痕淋漓的人生，一如最複雜的迷陣，再難溯回那欣然起步的研墨心情了。

（原載虹霓心願）

償還一種情債

　　長夜寂寂，靜坐窗前，面對一張空白的稿紙，腦中似有千頭萬緒，筆尖卻枯澀得擠不出一字。終於寫下數行，卻自己看了都不喜歡，把它揉成一團，用力朝字紙簍扔去。

　　紙團反彈起來，落在地上，原來字紙簍已被廢紙團堆滿了。擲筆而歎：如此嘔心瀝血爲那椿？

　　文學大師梁實秋曾說：寫作是一種紀律。小說家廖輝英則進一步詮釋，說紀律含有各項必須得遵守的規則，如寫作量、寫作時間、寫作態度，寫作品質等。

　　帶著規範和戒律的行爲，有點兒苦行的味道。

　　既有怨歎，又似苦行，爲何執筆的人仍「樂」此不疲？

　　所有的執筆者都是有情人。對我來說，寫作時的付出，就像是在償還一種「情債」。正因對世間萬事萬物充滿了真情，那些令他動心的片刻便不捨忘懷。即使微渺如某個夏夜的星光、某聲秋後的蟬鳴，只要觸動了他靈魂深處的一根弦，寫作者便極欲將這樣的片刻，用紙筆網羅、記取，執意化暫時爲永恆。

　　然而，所有心靈感受或美好事物的本質，常是難以掌握，也難以持續的。因此寫作者在記錄和捕捉的過程中，便注定

要遭遇重重阻滯了。但情債未還，總覺大石在心、芒刺在背，牽纏繫絆而不得安寧。那個苦苦逼債的，竟是自己！

我喜歡深夜寫作。子夜時分，遠處常會傳來悠長的汽笛聲，撕裂了沉靜，轟隆隆的輪響又逐漸隱沒，一切歸於死寂，令人無端生起荒涼空虛之感。我始終不明白，為何這樣的聲響會使我情緒低落。

有個晚上，神思似乎較為清明，當那汽笛長鳴，裂帛般劃破幽寂玄黑的穹蒼，我寫下：

「火車疾駛而過，竟如青螟天地間，突兀響起的一聲警鐘。那車輪過處，激起多少灰沙？揚起多少風塵？是否驚破了許多醒者的沉思？碾碎了許多眠者的亂夢？……」

放下筆，長長舒口氣，彷彿自某個思想的魔咒中得到解脫，也彷彿為自己的感覺找到了出路，而覺豁然開朗，如釋重負！

如此心力交瘁成篇的作品，若能得到賞識與共鳴，無異於在芸芸眾生中覓得知音。這份快樂，足以使執筆的人衣帶漸寬終不悔了。

具有良知與良心的寫作者，恆常用千錘百鍊的文字與世界溝通。而具有深刻內涵與崇高境界的傳世之作，更使陌生人，甚或錯生千百年的人，都能分享共同的喜怒哀樂而不再覺得寂寞。恰如十九世紀法國文學家普魯斯特所說：

「藝術與作家是一種發光源，雖然已經熄滅了多少個世紀，依然給我們發送他們特有的光芒……」

文學的力量是如此偉大而超越時空，我們這些能夠握筆

的人，雖辛苦備嘗，卻仍屬有幸 ── 畢竟，不是每個人都有能力償還情債的。

（原載夢，已經啟航）

繡花心 如椽筆

　　從「女子無才便是德」的年代，到如今女作家被尊稱爲「才女」而予以一定地位，女性爲文學所付出的心血，終於成就了一番千紫萬紅。

　　文學原本來自生活。代表這世上一半人口的女性作家，所展現、所昭示的作品面貌，也多是有關女性的心靈、遭遇、情感與自身體驗。

　　可是，卻因此有人這樣批評女性作家，說她們心胸狹窄，格局較小，總是在個人的經驗中打轉。小情小愛，小傷小痛，小花小草，只足夠賺取小女子的眼淚。

　　其實，說這話的人才是真正的心胸狹隘，目光短淺。女性文學絕非柔軟無骨、平淡無奇或索然無味的同義詞。如果，女性文學呈現了這樣的特質，那也只是她們忠實地反映了古代、現代許多女人生活的品質。

　　當今之世，看來女性地位已較古時大幅度提高，無可置疑，大部份女性仍慣於在男性面前採取低姿態。舉個最淺顯的例子，一般雙薪家庭中，男性似乎仍擁有家事豁免權。一個做丈夫的，下班回家若能幫忙洗碗，妻子多半會感激涕零，且自以爲有資格榮登「幸福女人榜」。她未曾理解或思索，自己也是下了班後，才花了較洗碗多了三、四倍的時間料理晚餐！

願意執筆為文的女子，多屬敏銳易感的族類。她可能就會把上述這類感受或是這方面的心得訴諸文字，她提筆的原動力與創作的使命感，就在於揭示切身的感悟以及人生的真相，並把這些感悟和真相抽絲剝繭描繪出來。

　　女性作家以細密如繡花的心思來觀察人生百態，以精緻如繡花的功夫，在文字機杼上細織慢紡，紅塵女子的曲折心事遂歷歷如繪，昭昭可解。

　　於是，女性讀者被點醒般產生自覺，開始有能力洞測己身情境。女作家因此可能遭到口誅筆伐，被指控為不安於室的一群。可是，我相信，女性文學絕非意欲與男性為敵。相反地，是為了得到女性的共鳴，與男性的共識。一個女子，只有完成了圓滿的自我，才可能與男人建立起更和諧、更美好的關係。

　　一般認為男性作家的作品以氣勢磅礴見長。但我覺得，當一個女性作家寫出大氣魄、夠深度的作品，可能更接近「經典文學」的內涵的水準。

　　三十年代作家蕭紅的《呼蘭河傳》、現代作家於梨華的《傅家的兒女們》、趙淑俠的《我們的歌》、蕭颯的《死了一個國中女生之後》等，都涵具了十分深厚的現代意識，以及十分深入的人物刻畫與心理描寫，讀之令人思索再三，回味不止。而優異的短篇小說則不勝枚舉了。說她們有著如椽之筆絕不為過！

　　但願，女性作家恆常有著繡花的心，如椽的筆！

（原載流浪城）

無價的收藏

　　喜歡收藏，收藏無價之寶。

　　可別以爲我是個腰纏萬貫的富婆。富婆們只收藏可標價、可交易的東西，也是至寶、至高至尊，令世俗中人眼睛發亮，心中生妒的寶。

　　而我的收藏，卻可以令人靈魂發亮，心中生愛，因此與待價而沽的寶物截然不同。

　　什麼樣的東西，足以讓我誇下海口，稱之爲無價之寶呢？

　　我覺得自己是一個背負了一身情債的人。對於世間萬事萬物，我常懷眷愛之心。即使微末如路邊一朵野花，天際一朵閑雲；虛渺如春夜星光，秋後蟬鳴，也能勾起一腔感動。至於美好的經歷，善心的人物，我就更是不捨或忘了。情到深處並未情轉薄，反越加有種春蠶到死的執著。

　　或許，前世是個負心冷血的人，所以今生必須對一切付出真情。我的關懷面很廣，對生命苦厄、人世無常的感受尤爲刻骨銘心。這種情緒上荏弱易感與波濤起伏其實是一種不快樂，背債的人又怎能快樂得起來呢？

　　但我想上天還是公平的。因著至情、多感，活著對我真實而深刻。並且，藉由手中的一支筆，我得以將蘊藏心坎深

處的種種感受化為珠璣文字。冬雪春陽的記憶,江海煙波的幽思,遂在一頁又一頁的紙簡之中醒轉。

富婆們將有價之寶封鎖保險櫃中,只有在最嚴密的戒備之下,才敢配戴在身。甚至,展現出來的可能是贗品,用一身以假亂真的偽貨炫示於人,說來何其荒謬!

更荒謬的是,那些價值連城的寶物可能長久不見天日,只有等到主人死後,子孫或遺產律師們將之拍賣,它們才能從保險櫃中暫時露個臉,隨之又被埋沒於另一個漆黑無底的保險櫃!

提煉自心之寶礦的文字,卻永遠以它最真誠的面目示人,有誰能給真情估價嗎?

我收藏的,正是千金難買的真情。

(原載花中歲月)

十年成一賦

　　過去曾有十年時間，我一直從事書目編纂工作，目的是為美國各大圖書館提供中文新書資料。也希望使用圖書館的華人，能因此讀到經過篩選的好書，並藉以發揚中國文學之美，提升海外華人精神生活層次。

　　對於文學，我向來秉持嚴肅而執著的態度。文學創作是我精神生活中不可或缺的一環，也常常在作品中，把這份感受與大家分享，為的是讓所有的人都能沾濡到一些文學之樂。

　　關於寫作，我的信念是，既然濡墨提筆，就要言之有物。既然白紙黑字公諸于世，尤須在文字、結構、內容與意境方面，達到一定水準。否則，何異於用一些糟糠，汙染人們的視覺神經與精神境界？

　　近年流行所謂「輕、薄、短、小」的文章。當然，精緻的短文不少，讀來字字珠璣，人人擊掌稱絕。可惜更多的是嬉笑怒罵草草了事的作品。這類作者嘩眾取寵，降低了讀者水準。

　　如何糾正這種現象，或者說，如何改進這種社會風氣呢？我想主要還是取決於作者的良知。

　　古人有言：一字窮歲月，十年成一賦。可見他們在一篇

作品上千錘百煉的功夫。除了修改詞句形成的「文字」之美，作者更須不斷充實自己，才能培養出深刻的內涵，也才能呈現出「文章」之美，而不僅只是堆砌一些華麗詞藻。

　　在充實自己方面，多讀書多觀察是兩大要項。讀書可擴大心靈視野，在別人作品中得到學習的機會。觀察周遭形形色色，使自己的作品不致脫離人間世。一篇好文章不是空中樓閣，更非無病呻吟，而必須反映現實，觀照人生。

　　十年成一賦，當然絕不是說十年寫成一文，這種疏懶的態度也絕不是一個文字工作者該有的。我們應當把一篇筆下的文字，都如同雕琢藝術品般，以它最完美的形象與世人相見。

（原載人間巷陌）

夜未央

　　深宵不眠，想到一本新書的整編，益加輾轉難寐。

　　萬籟俱寂夜未央，翻身而起，由架上抽出幾本書作參考。突見兩冊作家書目，其中收錄了三百多位作家作品名單，書目是一九八〇年出的，書中所列入部份作家仍持續不斷在寫。但也有從未聽聞其名的作者，或是只在文壇一閃即逝的。

　　讓我訝異的是，一九八〇年之前，他們即有那麼多著作問世。那時我雖已是一名熱愛舞文弄墨的文藝青年，但讀閱的多是西洋文學作品。囫圇吞棗翻看世界名著，時間已不夠用，遑論本地作品。這些作品能流傳至今的沒有幾本，就算現有時間有餘力去讀，大約也不易找到了，連出版社之名亦前所未聞。

　　這固然是「長江後浪推前浪」的自然現象，不免叫人感嘆，孜孜筆耕而修成正果，著作得以藏諸名山者幾稀？

　　當然，要能經得起時間考驗才屬真有傳世價值的好作品。但所有的執筆者想必都如我一般，有過為推敲字句、思索章節或整編文稿而難以成眠的經驗，並在終於完工後，自覺此番工夫怕只有「臥薪嘗膽」差可比擬。

　　嘔心瀝血成篇，試圖在人世留下雪泥鴻爪，終被後來居

上的足印淹沒，這似是大多數書籍的命運。但既已生成文學人，就必須將體內凝聚的文學熱量釋放。能輝閃一下也好，總強過從來不肯焚燒、不肯奉獻的蜉蝣過客吧！

　　書目中有一頁是「逝世作家一覽表」，益發令人感慨。至今仍被討論、被紀念的僅有林語堂、吳濁流等極少數。我於是想起，有年奧斯卡頒獎典禮上，其中一節目是放映已故明星電影片段，感覺特別有人情味。寫作者的努力應當如何予以肯定、重視與傳誦呢？

　　更已深而人未靜。

（原載人間巷陌）

尋　詩

　　國小五年級初次開始我的「筆墨生涯」。那年暑假自製一本冊子，興致勃勃在其中嘗試以各種文體創作，甚至古體詩、現代詩都胡亂寫過。那時渾然不知是自己體內的文藝細胞作祟，只覺任思想上天入地煞是有趣。後來想是得到學養豐富的老師的啓蒙，這些細胞才有成長發酵的契機。

　　至今難忘教五、六年級國語的孫老師。他說的故事個個引人入勝，也常選些好文章給我們作課外讀物。在還不懂詩的年代，他就用感性的聲調教我們唸徐志摩的「再別康橋」，引導我們進入詩的境界。

　　「尋夢，撐一隻長篙，向青草更青處漫溯……。」

　　於是我也興味高昂向詩中尋夢，撐一隻生澀的筆。那時以爲，所謂的現代詩就是把散文斬頭去尾，字句無須連貫，但要簡短、要押韻。初中時代寫了好些吟風玩月的詩句，自己看了都覺如夢如幻，不知所云。後來放棄的理由倒頗堂皇——寥寥數行難以表達所思所感，其後還試著讀了些新潮派的詩，越看越如墮五里霧中，於是開始對「詩」這玩意逐漸失去好感與興趣，覺得詩人們未免太偏好考驗讀者的「猜謎」能力。

當然，有時還是可以讀到令人眼睛一亮、心裏一動的絕妙好詩，例如一九九六年榮獲諾貝爾文學獎的席姆波斯卡，這位波蘭女詩人的「博物館」一詩，文字一點也不艱深，讀來卻鮮活靈動，一種洞燭人生的智慧躍然紙上。

　　「有餐盤卻沒有食慾，

　　有結婚戒指卻沒有愛。

　　……

　　由於欠缺永恆，

　　我們收集一萬個陳舊的東西…。」

　　還有一次與一首短詩不期而遇，簡單的字句顆顆珠圓玉潤。且讀讀大陸詩人桑恆昌的「觀海有感」

　　「網老了，魚還年輕。

　　　船年輕，海卻老了。」

　　好像又開始喜愛詩了。

（原載人間巷陌）

我的初戀

　　看到這個題目大家或許會大吃一驚，心想這一向純情派的作者，怎也趕搭「自爆內幕」的流行列車，真是世風日下了。其實我最不擅於譁眾取寵，因此這裏談的是毫不羅曼蒂克的文學上的初戀。

　　初戀本不限於人。對事、對物、抽象的、具體的都有可能，所以我們才會說狂熱地愛上了潛水、爬山、集郵、蒔花…等等。而任何形式的狂熱可能也都會產生戀愛的殺傷力，所以才有電腦寡婦、足球寡婦…之說。

　　初與文字結緣，也有許多的「初戀症候群」，例如寢食難安，患得患失…，放著現成的戀愛不談，偏要鑽進文字佈下的天羅地網，與自己的筆下人物糾纏不清。

　　大三時寫下生平第一篇小說，當時寫小說是覺得能把各種角色玩弄於指掌頗有趣味，此外尚可藉由小說人物，表達一些平常不輕易對人啓口的心情或思想。結果這篇處女作就被中國時報副刊採用了。很大的策勵，但仍不好意思對人說自己在寫小說，所以用了好幾個筆名掩人耳目。記得有篇文章是以滄桑女子的口吻寫的，見報後有個好友對我說：「這一篇小說挺好看，文筆有點你的味道，但女主角已經上了年

紀，又不像是你。」我暗自得意，好朋友也被我騙過了。

　　七十年代末出國後開始投稿中副，中央日報是當時海外唯一的中文報，發行量極大。小說刊出往往接到許多讀者來信。稱讚的、仰慕的、要求解答疑難的，甚至有因讀我文字覺我心地善良而求婚的。這些迴響是孤寂異國生活的強心針。我曾把二十餘年的寫作生涯劃分為四個段落 —— 「啓蒙期」、「快樂期」、「掙扎期」、「沉潛期」。寫小說的那些年，我把它歸入快樂期。

　　快樂，因為用文字表達了唯美與理想的情操，得到讀者共鳴或編者肯定，在純粹為寫而寫，沒有任何企圖心的我看來是一種精神上的豐收。後來雖然散文成了最愛，但我想終有一天重回初戀情人的懷抱。

　　　　　　　　　　　　　　　（原載人間巷陌）

文學咖啡香

　　咖啡對許多人來說，不過是一杯色相詭異的苦水罷了，居然能讓墨客文士煞費周章的一寫再寫，書名也爭相用「咖啡」二字，顯然「飲者留其名」也適用於咖啡癮君子呢。

　　文人們好像從十八世紀就和咖啡結了緣，手中端著這麼一杯苦水，似乎不自覺就有了些風流自賞、莫測高深的調調。曾經風行一時的《傷心咖啡店之歌》這部小說中形容：「咖啡杯是一種心的容器」，對我而言，喝咖啡的歷史也是一種心靈歷程。

　　其實大學前根本不知咖啡為何物，父母俱是敬業篤實的教師，忙於養家活口，無暇去關注什麼生活情調。記得小時候，一位長輩送爸爸一包巴西名產，一大包黑色豆粒，我當是糖抓起一顆就咬，當下恨恨吐出說：「天底下怎有這樣難吃的東西？」

　　沒想到多年之後，我的感覺竟轉換為：「天底下怎有這樣好喝的東西？」那時我已上大學了，課外書中提到海明威寫作一定要喝維也納咖啡，白先勇在台灣時也曾是作家咖啡屋常客。此時我們幾個死黨才開始學他們泡咖啡屋，覺得挺浪漫且詩意，幽暗角落偷偷吸根菸，狂妄的以為，自己終將

有朝一日成為莎岡或叔本華。可能因著生活空間狹小，想像空間遂無限擴大，但是「人不輕狂枉少年」。那段泡咖啡屋高談理想抱負的時光，是值得緬懷的。我的《夢，已經啓航》這部書中即曾提到早年的咖啡經驗。

《未加糖的咖啡》這冊小說集，則是出國以後的作品。在加拿大留學時有很長時間不碰咖啡，因為死黨星散，喝咖啡也就沒滋沒味了。後來到美國公司做事，上下午都有所謂咖啡時間，那十五分鐘釋放鬆懈的時刻，喝杯咖啡提神醒腦，一天比較容易打發。如此一天一杯漸漸就上了癮，成為工作中不可或缺之良伴。

總覺咖啡與我的生命情調十分契合，不過我指的是真正的咖啡，而絕非速食年代的即溶咖啡。正牌咖啡豆被研磨、被煮沸，在水深火熱的煎熬之中，熬出淡淡的芳香，不正像一個接受錘鍊的生命嗎？

文字道路花明柳暗，回顧生命中的人與事，無論是青春的迷惘，理想的索求，心靈視野的開拓…俱是在苦澀的滋味中透出一絲甘甜。以後我去到不同的地方浪遊，異國的街巷，遠方的星空，也曾倒映於我留戀的咖啡杯盞…。

長年羈旅異域，雖然不是處處無家的落寞與浪蕩，總隱然覺得漂泊，覺得不安，用《流浪城》作書名，其實是一份旅者心情的觀照吧。

咖啡的驛站永遠不適合久留，飲罷這一盅，又該上路了。

（原載人間巷陌）

漂亮的作家　漂亮的作品

　　接受一家廣播電台的訪談，主持人一見我就說：「妳怎麼這麼漂亮？！」

　　她迭聲重複：「妳真的很漂亮喲！」

　　叫我怪不好意思的。她原來一定是把「作家」們想得太醜了，而我出乎意料地不太醜，才使她大驚「失聲」。

　　一般傳統觀念中，作家們是名士派人物。落拓不羈，不修邊幅，甚至帶些清貧相。女作家們更是脂粉不施，稍具姿色者可能博得「超塵脫俗」之讚，但更多人認為她們是接近男女不分的中性人。因為作家們往往必須投注大量時間精力在稿紙上，守一盞孤燈，守一室清寂。若應酬頻繁，追求者眾，哪有空檔絞腦汁寫文章呢？故而週末或夜晚仍在自家斗室株待靈感的，必是長相不太高明之流。

　　自己以前也認為，一個太注重外表或物質享受的人，是不可能成為好作家的，因此從不屑於塗脂抹粉，更視金錢如糞土。對於捧著大把鈔票來取悅我的男士則避之唯恐不及，是個不折不扣的自命清高者。

　　走過青澀年代，走過崎嶇世途，方知當年太狹隘太執著，年輕人的眼界過高而又目光如豆。當然，作為一個喜愛文學、

喜愛思索的筆耕者，我純真的本質至今不曾流失，但待人處事寬厚多了。以前被認為是超塵脫俗，但別人言下想必得我高不可攀。歲月磨去了銳氣，卻讓自己活得較為自在而開朗。

　　放眼文壇，卓然成家者並不盡是清貧之輩。推理小說大師松本清張是日本收入最高的個人，美國的麥克柯來頓出身律師，因寫小說躋身富豪階級，金錢給了他們更多創作的自由，反而更能心無旁騖構思好的作品。

　　文人「斯人獨憔悴」的時代已經過去了。文人無須再以窮酸形象來彰顯自己與眾不同，反應突出自作為一名「精神貴族」的尊貴。

　　正因文人也願跨出象牙塔，走入人群，接近社會，他才能沾濡生鮮的人間氣息，汲取更多的生命靈感，而其作品也才能更廣泛地被傳誦。

　　現代文人應以做一個漂亮的作家，拿得出漂亮的作品為榮。

（原載人間巷陌）

泊　岸
一 出書紀事

書的江海之中，我的舟楫載著夢，行行重行行。

輾轉天涯一葉孤葦，終能安然泊進一處處不同渡口，緣於被千山桃花染得嫣紅的風，緣於被萬斛月色濾得透明的水，還有那股勤銜來岸的消息的青鳥……

回首乘風破浪的航程，潮漲心中的，是滿滿的感激。

炎夏，1980。

冒著炎暑郵寄一疊剪報到台灣。猶記得，腔中那份熱切，不亞於室外幾達華氏百度的高溫。

那疊剪報，是我檢選自大三以來的文藝創作，包括二十篇散文，十九篇小說。

當時，毫無出書常識，與文壇也素未往來，不認得任何作家、編輯或出版社。

當時，只想將過去寫作成果收集成冊。這些年來，畢了業，出了國，讀書做事，卻似乎沒有任何成就感。二十好幾了，每一思及總瞿然而驚 —— 那時，覺得三十已是上了年紀，這輩子「大勢已去」了。

　　出書，便是意欲總結這段「老去」之前的歲月。一卷書帙，至少也算為流水年華留下幾許雪泥鴻爪罷。

　　就這樣一份心願，促使我把剪報寄給老爸，請他幫忙在台灣接洽出版，並請世伯王逢吉先生作序。那時母親還未來美，校對便請她負責。因而整個出書作業，我均未參與。書印好後，我仍然不懂該做些什麼，遑論開發市場，公關促銷，或者「隨書登台」—— 登陸台灣，與出版社配合做文宣之類的活動。

　　記得寄回文稿前，大妹萊丹知道我寫過一篇「未加糖的咖啡」，建議用它做書名。她說「失鄉」聽來沉重，意義也太明確，不若前者予人尋思餘地以及一探究竟的好奇心。

　　但我卻迷戀上了「失鄉」這詞彙中的那麼一點憂傷、虛無、頹廢、荒涼……的感覺。也或許，我只是認為，那感覺與當時心境正相彷彿。

　　爸爸後來給我捎來一則剪報，原來有人寫了詳盡的書評，語多嘉許與勉勵（編按：參見「初結的果子」一文）。台灣女作家應鳳凰編「一九八〇年文學書目」，簡介各大書局當年出版的五百餘種文藝書籍，我這第一本書也被列入了。在如此多的作家與作品中，《失鄉》能被注意，頗令人心一振。

　　一九八二年，由於生活中不曾預期的驟變，我被剝離業已生根的北國，來到人地生疏的南方，因而，很長一段時間，無法靜心寫作。從《失鄉》算來，七、八年之後，才積存了

一本書的份量。

一日，在新聞界工作的老友劉玲來電話，說她以前參加台灣的「龍族詩社」一位當年熟絡的詩友林佛兒最近訪美，她準備作東邀請我們餐敘。

飯局安排在好萊塢，是劉玲新發現的西餐廳，特色是侍者都有一副好嗓子，隨時會演唱古典名曲。

小時就讀過林先生的詩，有緣在美麗的音樂中結識，大家相談甚歡。

林先生回台後來函致謝，我也順理成章將這部定名為《投影，在你的波心》的書稿寄呈給他。

後來，此書收入他所經營的林白出版社「島嶼文庫」。

有一天，文友玲瑤邀我同去拜訪文壇前輩張秀亞阿姨。我們開了一個鐘頭的車，去到郊區秀亞阿姨女兒德蘭家，母女兩人親切的招待，使我們賓至如歸。阿姨腿部犯風濕痛，仍抱病請我們吃飯談心。她頻頻垂問我們寫作近況，且殷殷叮囑：「寫作重要，身體更重要。當年我仗著年輕，日夜不停地寫，如今就受苦了。保持健康的身體，才能擁有健康的腦筋，也才能寫出好作品，切記！」

秀亞阿姨那種寬容長者與卓然大家的風範，給我印象至深。記得初中時，曾每天追著中央日報，剪貼她的《北窗下》。美好雋永的文字與內涵，啟迪了我執筆的慾望。多年後見面，更覺人如其文。

其後不久我再去拜訪她，並請她為《投影，在你的波心》作序。在一個有著淺金色日影的窗下，阿姨一邊翻看厚厚剪

貼簿，一邊微微頷首，爽快答應了。序文中給我莫大的鼓勵與支持。而那次的初晤，也成為生命裡最溫馨的記憶之一。

八八年回台，林佛兒先生邀宴文友。其中一位苦苓，負責整編《投影，在你的波心》文稿。當時，任教中學的苦苓身兼希代出版社顧問。觀察力敏銳且點子特多的他首創「小說族」名稱，挖掘了許多年輕作家，使希代一下子竄紅。苦苓說：「本來我這套出版計畫是為林白構想的，但林先生比較保守，反倒是希代把我給重金禮聘去了。這下子，出版歷史就改寫啦。」

這年夏天，苦苓來美參加學術會議。見面時他問有沒有小說，他可在出版上助我一臂之力。我說近幾年我以寫散文為主。他說《失鄉》有幾篇小說不錯，可以選一些。我便從《失鄉》中挑出三篇小說，包括《未加糖的咖啡》，再加上五篇新寫的，分成第一折與第二折兩部份，書名定為以前未曾使用的《未加糖的咖啡》。

這本短篇小說集三個月內即再版。我想台大外文系畢業的妹妹，果然有其獨到眼光吧？

有次我意外接獲一紙台北來鴻，來自漢藝色研出版社負責人。記得那是一九八九年十月。

此前不久，我看到詩人張錯的散文集。書的封面設計，內頁印刷，紙張質地都叫我驚艷不已。向他打聽這家漢藝色研。他說負責人原是研究色彩及美術的，故以「色研」之名。我當時就想：一本書能有這樣賞心悅目的包裝，對作者是一

份多麼美麗的收穫，對讀者又是一種多麼值得的收藏！

　　而那紙來自林老闆的信箋是這麼寫的：「…一年前在幼獅出版的《走過歲月》一書中，見到妳文章，就十分喜歡，當時就一直找您，甚至請公司編輯四處打聽……」

　　他還提到能夠尋到我的「下落」，是因為與徐蕙藍女士晤面談起我，而我恰是蕙藍姐洛城好友之一。

　　真是無巧不成「書」。我於是將過去一、二年的作品整理出來，快遞至台灣。

　　漢藝辦事亦極有效率，三個月後即寄來打字稿要我三校。一九九〇年三月，我第四本書《虹霓心願》正式出版了。

　　差不多就是這一、二年起，隨著台灣經濟起飛，一般讀者口味也有大幅度改變。忙著工作賺錢炒股票的讀者諸君不喜長篇大論的文章，只取輕鬆幽默的小品，或是簡單清新的散文。有時，編輯們甚至明文規定：「文長限二千字內」。

　　我覺得，精緻的短文，確實可以修煉筆下工夫，學習捨去不重要的句子。真正做到去蕪存菁，讀來才能鏗鏘有聲，爽脆可口！然而，二千字短文，至少得有四十篇才夠出書，通常一個月我至多生產一篇，何況不見得有二千字，這下出書得等何年何月呢？

　　　　◆

　　九一年夏末有機緣，與老爸同遊歐洲。彼時，世界週刊恰也希望我能供稿。返美我便開始撰寫一系列記遊文字。儘量避開風土景物大檢閱式的粗淺報導，以免看來像旅遊大全，而從所見所思所感著眼。

刊出後，主編周先生來函支持，也不斷有朋友或讀者反應，十分喜歡這些篇章，筆耕者最大安慰莫過於此了。

　　這一系列文字以連載形式登完後，我整理時稍事增節修飾，去掉日記式的敘述，使它成為更富有文學氣息的小品文，共三十餘篇，加上近兩年二十餘則感性文字，全數剪貼再複印成冊。

　　九二年底回台灣，抽空赴漢藝色研出版社拜訪。這也是書信往返多次後，第一回見到林先生及工作同仁。

　　穿過濃艷的都會，踏入積疊著無數精美卷冊的工作室，我一如缺水的游魚汸入清心的海洋。

　　而主人誠於中，形於外的文化素養，使我在交託《沿著愛走一段》書稿給他的時候，就深深相信，那又將是一方豐收書香的田畝。

　　九五年初冬，我第三度將細心整編過的文稿《夢，已經啟航》，置於林先生堆疊著文案、信、筆記、樣書的案頭。彷彿泊靠一個水草豐美的岸。

　　曾經幾次參加文學座談會，都遇到這樣的問題：「寫作靈感來時，有些人會埋首伏案，寫得昏天暗地，不知今夕何夕。這時，會不會覺得必須去處理的家務，或是必須去面對的俗物，造成干擾呢？」

　　提出問題的顯然是有志或熱中搖筆桿的人士。

　　沒有錯，當靈感好不容易出現，思路難得正暢通無阻之時，被家務或俗事打斷，的確叫人懊惱。有些成績斐然女作

家就深知，自己寫作時六親不認，不會是個好主婦，所以放棄結婚。當然有更多的人，爲婚姻家庭而放棄寫作。不過，仍有許多在家庭與寫作之間取得協調，且獲致佳績的例子。

　　我想在這方面還算幸運，另一半學工，對文學談不上喜歡，也極少參加文藝聚會，但他尊重我的興趣及選擇，也給我充分時間與空間。現在我們雖然無緣在一起了，但我仍衷心感激那段沒有後顧之憂的日子。

　　「能夠在自己的一方天空上，捕虹織夢，得感激許多人的寬容與成全。」

　　這是我在《虹霓心願》最末一卷中，所表達的肺腑之言。若不是眾多親人、益友、良師的策勵與協助，這份將珠璣字句化爲琳瑯書卷的心願，或許不會如此順利完成。

　　是的，正是一份可感的愛心與善意，使生命的岸上有了桃紅、月色、青鳥……

　　是以爲記。

　　　　　　　　　　　　　　　　　　（原載夢，已經啟航）

蓮香在心

　　自大學時代開始寫作以來，我就成爲一個從事「手工業」的人。雖然後來也從事其他工作，就像大多數文人一樣要爲生活奔忙，但一直以「寫作人」自居，似乎只有經由「寫」的管道，內裏的熱量才得以釋放。

　　可能因爲父母出身書香門第，也一直在教書，從小我就浸潤在一種書卷氛圍之中，培養了對文藝的愛好，對美的嚮往，成長爲一名極具理想情操的文學青年。也因此，我一直抱持著一種信念：一個有文化素養的社會才是有希望的社會。我相信文學是一粒火種，只要它不熄滅，這個社會就會有光有熱。

　　懷抱這份信念，堅持著文學理想，在國外多年一直未曾放棄中文寫作。也正由於身處英語的環境，接近母語親切貼心，更具撫慰的作用。而且中文實在是一種迷人的文字，一時愛上便不捨放棄。若從宏觀的角度來看，世上有四分之一人口使用中文，將來中文很可能成爲「主流」，所以我在國外也常鼓勵大家看中文，學中文。

　　我自己寫作的原動力，可說是來自於一種「捨不得忘記」的感覺，爲生命中一些不可忘卻的美而寫。試圖用文字記錄美好的感受、動心的片刻或動人的情事。我希望我的文字能

給別人，也給自己一個清明的心靈空間。因此我十分認同中國散文學會會長林非所說：「好的散文能引起人們的深刻思索，淨化人們的思想境界，將生活微瀾提升到新的哲理高度。」

我曾將我的文字道路分為四個階段。與父親共用一張大書桌，開始學他讀書寫作的那段時間是我的「啓蒙期」。

初習寫作沒有任何企圖心，只是單純地想與讀者分享內心感悟，沒想到因此獲得眾多讀者來信與編者的支援。在出國念書的那段期間，心情上孤寂而失落，寫作成為快樂的泉源，因此把它歸入為「快樂期」。

念完書出來找事、搬家、交友、移居美國，成家立業，種種生命中的大變動，使我無法全心投入寫作。但寫作又是唯一能使自己不斷省思、觀察、體會的方式，因此必須在生活的夾縫中尋找寫的力量與心情，於是就進入一個「掙扎期」── 在寫作與生活之間找一個平衡點，一個安身立命的所在。

二十餘年來，我的作品已有十二本結集，主要是散文，另有短篇小說，還有一冊記錄精彩文藝活動的報導文學以及一部為青少年寫的傳記文學。近年來我一直在嘗試突破，希望能真實刻畫生命中的諸種原相，美與醜、悲與喜、苦與樂。因此我覺得自己正走入一個「沈潛期」，並期待沈潛之後有所收成，寫出更激勵人心、陶冶性靈的作品。

自從大三寫下此生第一篇小說，並且在中國時報人間副刊發表之後，文字，似乎成為我與這個世界相繫的方式。像一條剪不斷的臍帶，文字，使我與世界互屬，也使我與內在的自己溝通。

以文字作爲通道，無論是通向外在大千世界，或是內心廣天漠地，都不是一條康莊大道。它不像說話，也不像繪畫、音樂或其他藝術型式那樣，能直接給感官帶來訊息。文字記錄的是看不到摸不透的心靈意識，似捕風捉影，只有最精緻的靈魂才能體會其美，因此文學 —— 純正的文學永遠是小衆藝術，而不可能成爲大衆商品。

　　多年來在文字道路上踽踽獨行。幽谷絕壁間，偶見一朵朵潔白的文字之花，欣賞讚歎之餘，也不禁想讓更多人分享這份美感。八十年代在文化界工作，嘗試舉辦過好幾次文藝活動，就是爲了使更多人能接觸文學之美，但一個人力量畢竟有限。

　　九十年代，一群執著於文字創作的人，因緣際會在洛杉磯聚首，大家各自談到寫作的寂寞，尤其在海外，我們彷彿是無聲的一群，缺少讀者，更缺少掌聲。我們遂決定自己要給自己力量。沒有讀者，我們彼此就是最好的讀者。沒有掌聲，我們彼此可以切磋、鼓勵 —— 北美洛杉磯華文作家協會在整整一年的籌備研商之後，於一九九一年成立。二〇〇九年出版的「文情心語」，是本會堂堂邁入二十週年的一冊紀念文集，令人欣慰的是此書可謂叫好叫座。

　　本著一種「看好書、寫好書」的純正初衷，這個社團一直維持著清流形象。因著固定舉辦各種文學活動，那份寂寞寒窗的苦惱似也輕省許多。有些幾乎想放棄手中那枝筆的人，因爲文友的激勵，便又一步一蓮花地寫下去。

　　文學，使蓮香恒常在心。

台南白河蓮田一隅(蓬丹攝)

（左起）尹浩鏐、林蔚穎、王港生、黃美之、蓬丹、尹太太、
王育梅、潘天良在洛城歡聚

第三帙　文壇雅閱

文藝界人士的閱讀筆記。
他們的細心品讀、深入論評與真情推薦
恆是書寫者持續跋涉於文字密林的動力。

至一九九八年蓬丹共有八本書問世

初結的果子

── 小評蓬丹的《失鄉》

耕　心

「四五月的時候，那枯瘦乾朽的樹枝上，突然奇異地冒了一粒粒葉蕾，那樣細小、脆弱，使你覺得它沒有辦法成長起來。然而，隨著時日的推移，這葉蕾逐漸變多變大，終至化做一小枚一小枚的葉片，像顆顆張望的小腦袋。」

「每一天，都見它映照著天空的明鏡，簪插新紅。後來，樹上就再見不到一星綠，只有那如同戀愛中笑紅的双靨底花堆，密密地壓覆著每一個枝梢。」

「我所見過的有燈塔的海邊不多。而在蓓芝灣峻岩上挺立的高大燈塔，就像是一柄劃越時空的巨筆，把大海的漂泊、大地的蒼莽描繪得更加深刻了。那樣一支長明的白燭，曾照耀過多少漁人受創的臉，燃亮過多少遊子愁暗的心？那樣一簇不滅的幽光，又曾經溫慰過多少失鄉的亡魂？悼念過多少沉淪的船隻？」

「有一天，從校園繞道而過，突然看到一簇花，從磚牆和水泥地的接縫中掙扎出來，兀自開得滿地繽紛。

我不禁驚住了。是怎樣一種激越的生命力呢？原也該有

一片沃土讓它根植的，但在隙縫中，它仍然無怨地亭亭地生長，把剝落的磚牆都浸染得生動了，映著爛漫枝影的冷硬水泥地，也彷彿變得有情起來。」

「我的小窗面臨海港，那雪，像是遠處海鷗的影子，先是一片、兩片，越來越多，越來越密。海上蒙起了一片灰霧，不多久，地面便染上一層白，像歲月添在母親鬢邊的痕跡。」

青年，尤其是少女，她們提起筆，初踏上寫作的途徑，用字造句，取意寫景，多是清新鮮活，生氣昂然。他們對事物的觀察，對人生的體認，就像他們青春活潑的心，一切都是那麼新奇、鮮麗、活潑、自然，充滿生機活力。所以，在他們的眼裏，世界便像春天嫩綠的草原，粉白的花錦，抽條發枝的綠樹，都是亮麗的、美好的、快樂的。

以上所引的幾段摘錄，是蓬丹小姐《失鄉》裏第一輯中的文字。從這幾段文字中，我們可以看出她的筆力是多麼地靈巧，她的觀察事物的眼光是多麼的尖銳，她對大自然景物的變化，是多麼的關心、同情。草木本無情，由於觀察者的有情，移情於它們，用神來之筆給它們「點睛」、「哈氣」、「生竅」、「裝魂」，有生氣、有血肉，活活潑潑，栩栩然，和我們打成一片，與我們為伍做伴。使我們勞累的精神得以紓解，煩惱的心情得以消散。甚至，受了它們的感染，把求名追利的心放淡些，污濁的眼光放亮些，看開些。

蓬丹小姐收在《失鄉》裏的幾篇散文，是她在國內讀大學，和在美洲留學時代寫的。正是一個少女純靜自然，青春朝氣時的作品，充滿單純恬靜，活潑優美的芳香。正如前面

所說，她把大自然景物都賦予生命精神，使它們精神昂揚、神龍活現地呈現在我們面前，顯得十分清新、鮮活，充滿生命力，一如前述所引「樹影」裏的嫩葉初吐。

　　「……這葉蕾逐漸變多、變大，終至化做一小枚的葉片，像顆顆張望的小腦袋。」這「顆顆的小腦袋」幾字，把初出的樹葉的生機新意勾畫活了。

　　又如「鳳凰木」裏描寫紅花怒放：「只有那些如同在戀愛中笑紅了的雙靨底花堆，密密地壓覆著每一個枝梢」。這「戀愛中笑紅了的双靨」把鳳凰花的嬌美豔麗，刻畫得十分突出。

　　再如她刻畫「牆花」，初寫它「從牆縫中掙出來，兀自開得滿地繽紛。」再寫它亭亭生長，把剝落的磚牆都襯得生動了。爛漫的枝影把冷硬的水泥地也浸染得有情起來。小小一簇牆花，本是寂寞孤單的默默地開放在牆角，不像嬌豔的玫瑰、華貴的牡丹、高雅的蘭花，那樣引人注目。可是細心多情的作者，卻被它的昂揚生機，掙扎的精神所感動，對它關愛生情。在她的筆下，這簇牆花變得光彩多姿，繽紛爛漫，而使得剝落的牆角與冷硬的水泥地，生動有情了。它們能如此多彩多姿，光華燦爛，全是作者豐富的情感，生花妙筆賦予它們的。

　　還有描寫落雪的神來之筆：「我們的小窗面臨海港，那雪，像是遠處海鷗的影子，先是一片，兩片，越來越多，越來越密……」在北國和海邊生活過的人，看過鵝毛大雪飄落平原的遠景，見過成群結隊的海鷗，在海天之際飛舞的遠景，

把它們連想起來，便會想像出她這幾筆落雪，勾畫得多麼生動美妙，使讀者如身臨其境，雪就在面前紛紛飄落。尤其是像筆者遠離故國，多年不見落雪的人，讀了這段文字，好像回到家園，重溫雪景舊夢，一顆心就像那片雪花，在遼闊無垠的原野上飄舞，有種說不出的嚮往。

「窗上有雨，千行萬行，像淚，滴不盡。」這是蓬丹小姐在「爐火」中的開筆第一句，十三個字，用三個逗號，使它們讀起來，生動有力。乍看，這句描寫雨境的文字平淡無奇，可是，配襯在柴可夫斯基的「悲愴」裏吉姆淒惻心情裏，它便有力而傳神了。看過「魂斷藍橋」的人，當記得費雯麗在二樓房間裏，隔著玻璃窗目送羅勃泰勒，窗外落著大雨，雨珠像淚一樣在窗玻璃上滾落，她不停地擦拭著房間一面玻璃上的霧氣，她臉上的淚和玻璃外成的淚相映滾落。想著這個場景的悽楚，讀「爐火」中吉姆的遭遇，把頭埋在臂彎裏的「造型」，作者寫下這樣一句「雨景」，是堪可玩味的。

總之，蓬丹小姐年輕真摯，純潔多情，眼光銳利，文筆細膩，在《失鄉》中第一輯中收入的幾篇散文，都能發揮她的長處，清新、鮮活、生動，像春天的嫩草鮮花，令人讀之，如遊春踏青，滿眼新綠嫩黃，一片洋洋生意，心情隨著文字活潑跳躍起來。

（編按：本文原載 1981 年三月之台灣日報，當時蓬丹已出國，此文為蓬丹父親游芳憫教授特為她留存，然未能查訪到原作者，蓬丹對耕心先生之評賞深為感謝，收在此處以為紀念）

向春風的方向行去

── 蓬丹印象

王　艾　倫

　　她淡妝。黛藍眼影。淺粉蔻丹。絲襪上翻飛幾隻溫婉的蝶。是那種很有學養的城市女子·她聽你的時候，特別有種親切專注的神情，令人覺得，和她在一起，會恆常有著溫婉的春天。

　　長久浸淫在書堆裡，她沈穩端莊的書卷氣一覽無遺。常看中文書報的朋友，應該不會錯過蓬丹這個名字。她那文字優美，情思深刻的篇章，使人直覺人如其名。

　　其實蓬丹就是她的本名。她說：「這名字，好像天生得用來舞文弄墨。」而她寫作的題材，全是來自令她深有所感的故事。常有人問她小說內容是真是假；她的回答是：「既是小說，情節就大部份虛構，但人物的心情和故事的內涵，則必定是屬於真實人生的。」

　　蓬丹在台灣師範大學念書時主修圖書管理，負笈加拿大時改習商科，並修讀文學。後來又回到老本行與書為伍。在長青書苑工作這些年，編撰中英對照中文書目，將華文書籍

推廣至美國各大圖書館，做的是薪傳中國文化的工作。對她來說，這是一份任重道遠的事業。

「我所推介的書，成為圖書館的庫藏，讀者借閱後，又成為他們精神食糧的來源，直接間接將中國文化的精髓注入美國社會。」

在海外，致力於中文創作的人並不多，大家為生活奔忙，實在沒有多餘精力來寫作。因此，為替這商業都市增添一些文化氣息，她曾策劃過好幾次文藝活動，介紹海峽兩岸來訪的藝文界人士與讀者見面，並為當地作家開新書發表會。王藍、蘇偉貞、席慕蓉、丹扉、阿城、劉心武、劉賓雁等著名作家，都是在她的安排下出現。

蓬丹意味深長地說：「如果大家都能熱烈的參與，那將是一支不可忽視的文化力量。」

溫婉的笑容，堅定的目光，願她永遠向春風的方向行去。

（本文作者為美國國際日報記者，亦為國畫家）

夢之旅

── 評介《夢已經啓航》

王　逢　吉

　　多年以前曾經給蓬丹的散文集《失鄉》寫序。她以晶瑩澄澈的智慧，玲瓏細緻的文筆，真摯敏捷的感受，追尋生命最高層次的真諦，對人生有極超然的嚮往，處處至情至性，充滿了空靈之感，但心靈深處低迴著淡淡的惆悵和青春的迷惘，徘徊現實與夢之間。淒美而嚴肅的生活情調裏，有點虛無的色彩。現代青年作家們，大概都有這種傾向。

　　最近定居加州的蓬丹出版新著《夢，已經啓航》。從這本近著裏知道她頗受西歐《存在主義》的影響，例如在「秋意深沉」中，夜晚寫作時聽見一串汽笛長鳴，劃破了幽寂玄黑的蒼穹，空洞的輪響來自虛無的深處，又去向未知的遠方之際。立刻想到某篇小說裏敍述的一名旅者，急急忙忙趕上最後列車，乘客臉上凝重，一言不發，到站後發現月臺上空無一人，霎時萌生無比孤獨感，惶惑四顧間，赫然看見站牌上的大字「陰間」。意象慘澹可怖，令人毛骨悚然。這和法國存在主義大作家卡謬的「異鄉人」這一風格，顯然對於生

命玄機的探索，參透不到上乘境界。此類思潮在歐洲文壇風行一時，臺灣亦受震撼。

「早凋」一文裏由一個友人的夭亡，感到生命無常，死亡無情，引申到火化爐裏的屍體在火化時會霍然坐起，再到下去，那一挺身是否想到在重重硝煙火花之中，不捨親情再望一眼紅塵人世？充分地訴說了人生之悲情而無法承受。

在「惜花」中有相反的觀念，說某女作家不喜歡假花，因爲她無法忍受沒有生死，漫無止境的存在。那樣的存在令人厭倦，是一種無聊的，荒謬的存在。尤其是青春易逝，一旦紅顏將老時，那沉淪風霜塵埃的驚心更難以忍受，這種頹廢派的心情，義大利小說家丹儂雪烏的愛情小說「死之勝利」中，敍述一對青年戀人爲了要保持永恆的愛情，兩人爬上高山的峰頂，相偕跳下萬丈懸崖的故事，發揮得非常徹底。十九世紀浪漫主義由激情發展到頹廢派時，往往趨向自我毀滅之途，歌德的「少年維特之煩惱」就是典型。在我們中國則因爲文化傳統之不同，紅樓夢中的賈寶玉終於遁入了空門，皈依了禪宗思想，可見人性的執著固然是人之常情，不可非議，但也是人生舞臺上的悲劇因素。所謂「不如年少化芳塵，千載娥眉尙如新」。這又何嘗不是極富於強烈誘惑性的、頹廢性的煽動，與存在主義者的荒謬，庶幾乎近矣。

西方存在主義的文學作品如卡謬、卡夫卡這些大作家，作品中表達人生是荒謬的，一切努力等於永無止境地失敗，不必去兢兢業業的努力。也有認爲人只是大社會的小齒輪，沒有個別存在意義和能力。還有人說人的存在只不過是走到

死亡的存在。「死亡好像一扇門，從這邊的此世到那邊彼岸，通過死亡之門而已！門那邊是什麼誰也不知道，但世人卻排隊而過。」因而對人的存在不免發生懷疑、惶惑和無奈，所以海明威、川端康成等大作家雖獲「諾貝爾」榮譽之冠，還是悄悄地結束了自己的寶貴生命。其實存在主義的作品是對現代思潮的反省，要參透生命現象追尋生命價值，從否定人生蛻變肯定人生。喟歎：「人是一枝蘆草」，人的確不是強者，但卻是最有靈慧的智者，必然在最痛苦絕望的一刻，觸動掙扎中的靈明之心，回眸過往種種，豁然醒悟向上層層昇華，突破諸困，才可以安身立命。

　　作者對所謂的「後現代」諸多現象疑惑，而有失落感，疏離感，傾向虛無，但不是虛無主義者。對存在主義文學作品，心有戚戚然！卻因中國傳統文化的涵養超越存在主義中，若干觀念的極限，改變某些角度的觀察，顯露彷彿是禪的禪機：

　　　　「黑夜再長，白天終會到來，狂浪底下，原是平靜無波的千水，雪層後面，必有清朗無塵的陽光。」
　　夢已經啟航。放眼芳草天涯，萬紫千紅總是春。

（本文作者為漢口市人。曾電影戲劇編導，1944 年開始從事教育工作，持續四十餘年，歷任教務主任、臺中師範學院教授等，現已退休，旅居美國，任洛杉磯華文作家協會顧問。著有《菱湖戀人》《文學的生命》等四十多部書。《人生之智慧》為一系列哲理散文，廣獲讀者喜愛及好評。）

不似蓬丹 恰似蓬丹
—— 蓬丹新書《人間巷陌》讀後感

曉　魯

　　我第一次在報刊上讀到蓬丹的文章，就被她那優美的文字和詩一般的意境所吸引，後來成了她的文友後，就覺得她文如其人，人如其名，是一個美的追求者的化身。她的許多著作如詩一般的語言引導讀者進入她的心靈世界。寫作的人的追求多種多樣，有看破紅塵而用寫作去嘲諷人生的；有憤世嫉俗用寫作針砭時弊的；有滿腔熱情用寫作感化世人的。而蓬丹的作品始終是在追求。正如她那優雅的名字一樣，是對一個心靈仙境的追求。而她用來追求的工具是語言，她的語言優美豐富，給讀者鋪下一條閃光的路，讓每個讀她作品的人能順著這條路去窺探她的心靈。所以，她以前的作品如《未加糖的咖啡》、《夢，已啓航》、《花中歲月》等，都給人一個美的感受。讓所有的人看完她每一部作品都有會不由自主地感歎一句：美哉，蓬丹！

　　然而讀完她的新作《人間巷陌》，讀者會在原有的感歎之外體會到一份新奇。在這本書裏，人們會在欣賞她那同樣

優美的文字和意境的同時獲得一個新的感受，就是所謂的不似蓬丹又恰似蓬丹的特質。這種新的轉變表現她的對美的追求歷程。而這種歷程可用她的兩本書名來加以概括，是從《夢，已經啓航》到《人間巷陌》。是一種從神奇到平凡，從意象到具象，從純美到實美的過程。在這本《人間巷陌》裏，我們雖然仍能欣賞到蓬丹那固有的「燈火闌珊處」、「在水一方」的清絕和高雅，但在同時，我們又能感受到一種「臥起弄書琴」、「衣沾不足惜」的親切和自然。

這種新的品質首先表現在她對文學的認識上。蓬丹在該書的第一部份以她生命中最美的伴侶 ── 「文字」開場。我們知道，文字一直是蓬丹用來打開美的寶庫的鑰匙。她對文字的美的認識幾乎是神聖的。對蓬丹來說，文字是聖潔和純美的。但在這一部分文章裏，她對文字又增添了一種新的認識。比如在「尋詩」裏，她講到自己在初中時代對詩的愛好，是喜歡那種「吟風玩月」、「如夢如幻，不知所云」的詩，她的文學創作道路正如自己所概括的，經歷了「啓蒙、快樂、掙扎、沉潛」四個階段，而這沉潛階段的一個重要特點就是純樸自然。她對文學寫作的評價更能表現她的這種認識：「正因文人也願跨出象牙塔，走入人群，接近社會，他才能沾濡生鮮的人間氣息，汲取更多的生命靈感，而其作品也才能更廣泛地被傳送。又如她在「十年成一賦」裏說的：「文章不是空中樓閣，更非無病呻吟，而必須反映現實，觀照人生。」

蓬丹的這種新品質還表現在她對愛情的認識上。第二部分「愛情片語」以齊克果的「愛不可急，不可貪……」做為

引言奠定基調。在對愛情百態的分析上，她不是簡單地去用一個道德尺度去衡量一切，而是從對人性的認識上去分析問題。比如對「婚外戀」這麼一個非常普遍又敏感的現象，她既指出人生的必然，又指出理性的重要。她不是虛偽地去一味抨擊這種現象，而是站在理性的角度分析這種現象的實在原因，從而發出「人中極品」深難尋覓的精闢見解。她的「女人味 VS 男人味」更是一篇集風趣和智慧，對男女關係一語中的的好文章。

　　本書第三部分「人生觀感」更是這種新風格最集中的體現，蓬丹用極細潤的筆法觸及生活裏最平凡的角落，寫清晨的鳥語，佛堂的念珠，博物館的長劍，甚至衣服上的小小鈕扣，從小見大，寓永恆於平凡。大千世界，人生百態不正是由無數這些實實在在的點滴所組成的嗎？也是在同一部份，蓬丹用極溫情的筆墨抒寫了流動在人間巷陌的親情。母女，親友，生老病死，字裏行間表現的是作者那一顆善良晶瑩的心靈。她的談非洲饑餓兒童的文章，更向我們揭示了一個深層次的蓬丹和她一直追尋的世界。不錯，蓬丹的所有作品可以說是一個對美的和詩的世界的追求，但她追求的這個世界絕不是不食人間煙火的世界，而是一個實實在在的世界，正是由於她的這種立足實地的追求，她才能關懷到活在世界角落的饑餓兒童，才發出「這世界，有待改造」的真誠呼喚。

　　全書第四個部份更是蓬丹從純美到實美心路和筆路歷程的一個昇華。在這一部份，蓬丹通過一系列的旅行觀感，與其說把讀者帶到那五彩繽紛的世界各地，更不如說給我們提

供了一個象徵，一個她個人這種心路和筆路歷程的象徵。通過這些文章，讀者看到的是一個蓬丹用自己的話來說「來自地球彼端」的「偷窺者」在「苦苦尋找一個『永恆之夏』」。饒有意味的是，這個行程以「田畦童夢」結束，是一個漫長的旅行者的一種回歸，而這種回歸又決不是一個簡單的循環，而是一個昇華了的循環，就如蓬丹在「夜市」裏描述的，她從一個「追逐流行，崇拜西方，對本國本土事物接觸不多」的女孩，到一個從這曾認爲是「髒、亂、膩、擠」的夜市裏，發現「真真實實的市井人生」的昇華。

　　蓬丹還是蓬丹，她的文筆還是那麼優美，她的意境還是那麼瑰麗，她的敍述還是那樣流暢。但在這本《人間巷陌》裏，我們又發現了一個以前不曾明確的蓬丹，一個更覺親切、倍感樸實的蓬丹，一個更加迷人的蓬丹。

　　（本文作者原名陳勁松，江蘇儀征人。揚州師範學院學士，北京中國藝術學院碩士，加州大學河濱校區博士。1988年來美主修比較文學。1992年畢業後留校任教。學術作品包括中國傳統戲劇和英國伊麗莎白戲劇比較。文學作品多次獲獎。著有散文集《青山少年時》、《茶與咖啡》。現爲加州律師。）

對鏡生迷

趙　曼

　　我所久居的浪漫花都巴黎，於情、於景、於事、於物、於人，似乎都與愛的故事結下不解之緣。不因閒愁幾許，實為滿城風絮。惹來多少驚心舊事，或魂已斷，夢相隨；或情未了，念往昔；或淚濺新居，目極傷心……

　　藝壇文友每出新書，為其有情人生寫下註腳時，總會想到找趙曼寫點文字。我樂此不疲的緣由是，深感人生的迷情歲月中，快樂與痛苦往往相生相隨，互為泉源。因而順手拈來，俯拾皆文章。

　　蓬丹這位美麗的女作家，氣質出眾、談吐優雅。我每與「歐洲幫」文友稱許她是「美洲幫」女作家中的極品。而她的作品也像她的人一樣精緻耐看。

　　新書《每次當我想起他》，從心理學的層面而言，是人際間的行為探討。或善變，或叛變，或運用手段，或真情真性，一連串的相親相見，一輩子的愛恨交織，何如當初莫相識！

　　世間兒女，塵緣未斷，唯有 —— 對鏡生迷!

　　　　　　　　　　　　　　2003 年七月九日於巴黎

（本文作者原名趙曼娟，台灣台北出生，現旅居法國巴黎為藝評家，作家，記者，古董鑑賞家。散文小品以輕鬆活潑筆觸，配合豐富人生閱歷，描寫海外趣聞藝事。著有《世界版畫名家金榜》、《巴黎曼陀羅》、《古董精品》等書）

天使之城的牡丹

張　文　文

　　蓬丹這個名字，讓我一下子聯想到的是「天使城裏的牡丹」。美國洛杉磯是天使之城的意思。而蓬丹就是這世界著名城市中一朵氣質高雅的牡丹花。

一、有緣千里會

　　今年上半年同學告訴我說洛杉磯新辦了一份與眾不同的高水平雜誌「環球彩虹」。雜誌上有主編的介紹，照片中的蓬丹看來十分端莊。

　　那時我對文學寫作正好熱情高漲，便寫了幾篇文章過去。不想第二天，蓬丹便回信要我等候是否採用的消息。這到讓我大為感動，如此體諒作者的主編真是難得。對蓬丹大大的生出好感。

　　巧的是，兩三天後我在學校對面的圖書館查閱有限的中文書籍。突然看到作者蓬丹的書，便認定是那位雜誌的主編。於是我給了她一個電話。我在圖書館看到你的書了。好像報告她一個好消息似的。

幾個月前我先生計劃帶我全美國旅行，我想到許多美國邊遠城市的中國人精神生活極其枯燥。就打電話給蓬丹，可以不可以讓我帶一些「環球彩虹」雜誌給美國各地的中國同胞。蓬丹一口答應了。因爲趕時間，我們匆忙見面不到五分鐘。奇妙的是匆匆一見卻常使我在家裏想念起她來了。這也許就是中國人說的緣份。不經意的就有事沒事給她電話聊一聊。把她當好朋友那樣隨意了。

　　前幾個月偶然和朋友聊天談到發展媒體事業。就自然談到蓬丹，朋友說，蓬丹不止寫一本你看到的書而已。她是作家。後來問一位從台灣移民美國已經三十多年的女士，「你知道台灣的作家蓬丹嗎？」「知道」。

　　朋友立刻回答，「她是專長寫散文的，你知道台灣有個作家叫三毛嗎？」啊？移民美國三十多年的讀者還記得蓬丹。而蓬丹在台灣居然和三毛齊名。這真正讓我大吃一驚了。

二、人品與文品

　　蓬丹，居然是「北美洛杉磯作家協會首任會長」。「海外華文女作家協會」永久會員。是海外華文著述首獎的獲得者；是洛杉磯推薦移民必讀《夢，已經啓航》的作者；是台灣優良作品獎中學以上課外閱讀好書《流浪城》的作者；是中國泉州華僑大學研究所推薦讀物《花中歲月》的作者；是台北國際書展推薦簽名書《人間巷陌》的作者。是 1998 年「中國文藝協會」海外文藝獎章獲得者。是榮獲第二屆世界華文文學優秀散文獎的「竹葉青青」的作者；至今爲之出版小說，

散文，報告文學十餘種。被轉載者不計其數。她在台灣和北美華文界享有極高的聲譽，連中國上海圖書館的中國文化名人手稿也求索過她的手稿。

　　啊！這個蓬丹，讓我體驗了「有眼不識泰山」。昨天早上，我約了蓬丹在她的辦公樓見面。蓬丹為我燒水沏茶，我不由得肅然起敬又充滿溫暖。享譽海內外的蓬丹沒有一絲一毫名人的高傲和冷淡。她端正文靜又不失熱情真誠。蓬丹在那一刻給我無聲的上了一課，你的人品要和你所寫的作品一樣，才能真正打動人心。

　　出生於台灣台北市書香門第的蓬丹，從小接受父母親對她嚴格的道德品格教育和文化教養。青春時期蓬丹進了台灣師範大學社會教育系，主修圖書管理。七十年代末期留學加拿大學習商科和文學。二十出頭就踏入文壇的蓬丹在加拿大被美國的一家報紙邀請出任副刊主編。沒有多久，美國著名的長青圖書公司邀請蓬丹出任公司總編輯。果然不負眾望，在長青當總編輯期間，蓬丹組織了文學演講會，文學講座和徵文比賽，讀者作者交誼會等活動。為文學愛好者提高文學創作提供了良好的機會。有的學生學習之後還成立了報社。給洛杉磯的華人帶來美好的精神食糧。幾年下來，成績斐然。蓬丹被全美國圖書館年會邀請演講讓來自美國各地的圖書管理員學習到「圖書館中文書籍的供應問題」。

　　蓬丹數年來孜孜不倦的在海外傳播中華文化，且為美國圖書館提供完整圖書資訊。在亞太週紀念大會上，洛杉磯縣立數十個公立圖書館特別表揚蓬丹的貢獻。

2004 年年初，蓬丹和闊別多年的中國佈道會總主任兼教育文化基金會會長司徒焯正博士及夫人重逢。雙方都有開辦一份具有高度文藝價值的文學刊物的心願。爲著共同的理想。蓬丹加入教育文化基金會，主編文藝綜合性的「環球彩虹」雜誌，爲在美華人提供精神層面的滋養和樂趣。工作方面更上層樓也代表了新的挑戰。

三、背一身情債

　　不同的人爲著不同的目的和理念寫作。有的人爲了出名圖利；有的人因爲太多憂傷和孤獨；有的人爲了樂趣。蓬丹在離開母語幾十年還堅持不懈的寫作是爲了什麼呢？用她自己的話來說，是來自於一種捨不得忘記的感覺，爲生命中一種不可忘卻的美麗而提筆。用文字記錄美麗的感受，動心的片刻或動人的情事，並希望她的作品能給別人，也給自己一個清明的心靈空間。

　　蓬丹富有天賦才情自己也勤奮努力，十多部作品都是給人啓迪，讓人愛不釋手的好作品。怎麼樣的寫作理念產生怎麼樣的作品。正是因爲蓬丹追求的是文學崇高的精神境界，所以她撰寫的多數作品語言純淨柔美，具有哲理和思想。哪怕是日常工作，旅行，平常人和事，社會新聞，蓬丹都能觀察入微後以精湛的文字表達其所思所想，也引導讀者有所思考有所反顧有所體會。

　　蓬丹看上去溫柔純厚，不多言語，但我分明體會到她的情意是真實的。我有充分的理由相信蓬丹是個重情誼的人。

果然她自己說過，「我覺得自己是個背了一身情債的人。對於世間萬物，我常懷眷愛之心。即使路旁微不足道的一朵野花，天際一片雲彩，虛渺如春夜星光，秋後蟬鳴，也能鈎起我一腔感動。至於美好的經歷，善心的人物，我就更是捨不得忘卻了。情到深處並未情轉薄，反越加有種春蟬到死的執著……因著至情多感，活著對我真實而深刻，並且藉著手中一支筆，我得以把潛藏心坎深處的種種感受化爲文字。」

四、文學牡丹香

蓬丹天生唯美，因此她在作品的文字上也下了很多琢磨的工夫，注重語言的精緻優雅，因爲她認爲白紙黑字公諸於世，就不能汙染讀者的視野，必須將最美好的呈獻給這個世界。在人品的修養上也是力求完美。她學鋼琴、學油畫、學禪修，她認爲不斷的學習使她對於生命的美感，得到更深的領悟力。也對生命的豐富多樣，有更多的感恩。

2003 年十一月五日，參加「第二屆世界華文文學優秀散文獎」頒獎大會的作家一行光臨雲南茶葉交易市場。蓬丹在雲茶大酒店爲雲南茶葉交易市場題辭：「茶香書香人情香」。大筆揮毫。可見她的書法和她的文章一樣也是可以成爲一種藝術品讓人珍藏和欣賞不已的。

美國德州有一個以海外華人爲主的中國文學社團 —— 文心社。社員們因喜愛蓬丹的作品，特別邀請蓬丹女士以「有情人生」爲題赴首府達拉斯舉辦講座。講座後，文心社對她作出高度評價「蓬丹不僅筆下的文字精采，演講也生動感人。

聽眾的思路和情緒跟著她峰迴路轉、起起落落，猶如一次令人驚喜的集體創作。我們期待這位多才多情的女作家創作更多佳作的同時，也衷心祝福她一如既往地唯美，心情美、生活更美。」

　　對於蓬丹，寫作成了她的使命。無論是走在大街小巷還是步入心靈深處，蓬丹都希望能將自己的所思所感化成文字，經由一枚枚神奇美妙的方塊字，與讀者分享由她天賦的敏銳心眼所體認的世界。在這長路紛歧，風雲突變的人間鋪下溫柔有情的足迹。能填補靈魂的空缺，爲生命增添一抹血色。

　　在這冷漠的時代，具有使命感的作家已經不多了，感謝蓬丹以她美好的文字，帶我們走入溫柔有情的文學天地，聞賞牡丹花香一般的文藝氣息！

　　（本文作者爲教牧學博士及牧師。美國展望神學院院長助理，出版《祝福母親》一書，審訂外文書，網站名爲《美國官人與中國娘子》。）

詩歌與美的結合

黃　梨　雲

　　遠在十年前，吾友竹瑩一家東遷紐澤西時，留下三本琦君的作品，就此種下了我喜愛琦君文章的種子。日後，又陸續迷上了許多位女作家的作品。我喜愛她們文字的溫柔婉約，更讚嘆她們慧心獨具；在平凡的日常生活中，即能提煉出一篇篇耐人尋味的好文章。

　　偶然間，一本題名《投影，在你的波心》的書冊和它的封面，深深的抓住了我的注意！是怎樣的一位女子？竟然會以詩人的詩句做為書名！

　　翻開書本第一頁，首先映入眼底的是，她在自序中的第一行字「一直執著於唯真、唯善、唯情、唯美。」啊！真 ── 善 ── 美 ── 不就是自己一直所追求，也是自己為文時，深深的自我期許！！

　　一路往下讀去，在我心儀的女作家當中，便又多了一位。陸續的，我的書櫃上，增添了她的《虹霓心願》、《沿著愛走一段》。聽說她的新作明年將問世，我實已等不及了！

　　近日重讀《沿著愛走一段》，再度沉醉在她宛如曼妙詩歌的文字間。

蓬丹的心思細膩，筆觸敏銳。在《甜甜的回憶》中，「……將舌頭伸出來，互相比較觀察漬染舌上的色澤。」天真、可愛的憨態，躍然紙上。「……山東老鄉，……每天傍晚騎著腳踏車，在附近一帶叫賣花捲饅頭。腳踏車後座放置一個大木箱，用麻布密密實實包著。掀起麻布，淡白煙霧冉冉升起。」霎時，彷彿將讀者帶進了時光隧道。

　　《願望旅程》中，作者以感性的敘述、知性的描寫，引領讀者悠遊於文藝氣息濃厚的歐洲名城。「斜倚著座椅，看那梧桐葉隙飄落的雨絲，織成一張薄簾，將拿破崙下令修建，卻未看到它完成的凱旋門輕輕罩住，也將一代梟雄的豐功偉績輕輕罩住……」美好的篇章俯拾即是。讀蓬丹的作品，有徜徉畫中的感覺；又彷彿浸淫於天籟般的音樂，更令人心折的是她深沉凝練的智慧。

　　很高興能在一九九三年，因為參加她主辦的「中文寫作班」而與她結為文友。知道琦君女士也很推崇她的文章。例如《甜甜的回憶》發表後，琦君女士就對蓬丹的遣詞造句備極讚賞，並在剪報上圈點了許多她喜歡的片段。

　　蓬丹常常對我說：「前輩或讀者的鼓勵，促使我在寂寞的寫作路上勇往直前。」

　　是的。希望蓬丹永不放棄那枝寫真、寫善、寫美的筆。

1996 年載自於美國宏觀報

　　（本文作者在海外致力於中華文化之傳承，曾為洛杉磯作協理事，現任中文學校教師）

從作家蓬丹的得獎散文作品

賞析典雅的駢文修辭

劉　鍾　毅

　　近日賞閱了海外華文女作家蓬丹的幾篇得獎文章，以及一帙獲獎文集。文章爲紀念辛亥百年徵文獲獎的「展讀一個碧血春天」，迎世博徵文得優勝獎的「海上之夢」，世界海外散文獎的「竹葉青青」，文集爲獲台灣優良散文獎的「流浪城」。

　　蓬丹的作品以意境清幽和修辭典雅見長。本文就「流浪城」一書談一點心得，並以其中駢文形式的創作爲著墨點。

　　駢文是一種美文的形式，帶有唯美主義色彩的文學。駢者，並馬也，成雙之意，亦代表對偶的整齊句法。駢文是漢文中一個古老的體裁（Genre）。古今揉合在一起，出現在現代白話文中，二者可以相容嗎？答案是肯定的。不過，需要作一點說明。

　　以下論述中，在舉例時，只要可能，就都以該書的文句爲例，並附以頁碼。當然，必要時也引用本書以外的例句。

　　爲溫習我們老祖宗所使用的駢文何所指，先談現代人比較熟悉的成語或熟語（Idiom，不是 Phrase），例如「畫餅充

饑」，「未雨綢繆」或「不三不四」。這種十分常用的詞組，或者有其典故來源，或者出自傳世佳句，更多的是群眾慣用的順口溜，經多年多代長期習用而流行下來。例如，很多由數字參與組成的熟語：「不三不四」這個貶義成語，表示一群不倫不類的個體，為甚麼不說「不五不六」，完全是由於約定俗成的關系，與「三」或「四」的數學概念無關。本文採取陳永楨教授（漢英對照成語詞典，商務，1981）的提法，在以下的討論中把成語，熟語和諺語一律歸納於「成語」之下，對於修辭學的討論，較為方便。

一、熟練引用成語

　　引用成語來表達一個概念，有極大的優點。它是在歷代的語文實踐中，經過廣大群眾篩選精煉而形成和流傳開來的，言簡意賅，鏗鏘有聲；雖然不一定字字擲地似金石，但肯定是讀者所喜聞樂見的。它也常常是形象的(Figurative) 事物。例如上面隨手舉的兩個成語，提供了「餅」和「雨」。再者如「守株待兔」和「投桃報李」，一個成語中甚至提供了兩個形象的事物。在閱讀中，凡是形象的東西，都是比較容易接受的。

　　有趣的是，打開檢索成語的字典，不論何處何家何年所編，它絕大多數是由四個字組成的。例如上述陳氏所編詞典所收載的約四千條成語中，四字組成的即達三千以上。

　　筆者發現蓬文中，這種四字成語常有引用，也頗得體，使文章變得典雅易讀，讓讀者感到親切樂和。例如曾引起廣

大共鳴的本書自序「慈悲的足印」（編按：參見編輯後記「如詩似畫的心靈讚歌」一文），全文八百來字，四字成語約有二十來個，例如「朗天潤日」、「桀傲自負」等。

　　語文學者歷來認為，一種文字的精華即寓於該種文字的成語中。要掌握一種文字，就應當從學習和運用其成語入手。這一看法對中國漢文特別重要。這從上述成語的形成可以看出。一位日本漢學家（？宮崎市定）深知日文繼承了不少的漢字，卻並非全部。他因為看到了日文中所沒有傳承過去的成語，從而對漢文中成語的「威力」體會良深，聲稱漢文如果與日文及他所知道的其它主要文字相比，成語特別多，使得漢文的表現力特別強。豐富多姿的成語不失為漢文最珍貴的資產。

　　筆者對日文所知有限，但就英文和俄文而論，在閱讀和中譯的實踐中，有近百萬的文字發表，曾在大陸擔任以外文為編譯對象的醫學雜誌編輯多年（劉鍾毅：從赤腳醫生到美國大夫，上海人民，1994）。又在英文世界工作和生活中讀、講、寫英文達三十年以上。至少就「常用」的領域而言，漢文中的成語比英、俄這兩種當代最有影響的文字中所包含的成語要豐富，殆無疑義。

　　讀者可以看出，蓬丹在作品中經常熟練引用成語，反映出她掌握和運用漢文的功力和底蘊。冰凍三尺，非一日之功；可以斷言，她長期以來一定是勤於閱讀和筆耕的。

二、駢文現身驚艷

　　成語的引用還只是修辭的初步展示。由成語發展到駢文的運用，使修辭的精進更上一層樓，令人耳目一新；它對提高文句的表達力，居功厥偉。尤其在現代白話文中，更屬難能可貴。值得提出的是，筆者歷來喜愛駢文，因而在蓬文中發現駢文的身影而有驚艷的快感。

　　所謂駢文是在盛唐詩作豐收的基礎上流行開來的一種體裁。暫時丟開今人已十分生疏的漢字古時發音平仄韻律而論，可以說，它就是對聯式的文句。初唐王勃（649-675）所寫的「滕王閣序」一般被認為是駢文的代表作。通篇都是對聯式的句子，如「層臺聳翠，上出重霄；飛閣翔丹，下臨無地。」組成的字數以四個一對，最為常見。在「流浪城」中，筆者也看到很多，如「歷歷如繪，昭昭可解」（70頁），「絲絲縷縷，柔情萬千」，（121頁）「山色清朗，陽光晴艷」（128頁）等。

　　當然，只要是對聯式，任何字數不論單獨或聯袂出現，都是可取的。王文中有「閭閻撲地，鐘鳴鼎食之家；舸艦迷津，青雀黃龍之舳。」在蓬文中，這種特色也很突出，如「白髮千丈，根根皆煩惱；皺紋徒生，痕痕皆憂愁。」（65頁）更長的句子，即令是現代白話文，也不失典雅，如「在寫詩的筆中注進鮮血，在醉酒的杯中傾入眼淚」（100頁）。詩、筆、鮮血，配上酒、杯、和眼淚，把作者要突出的這一文句中的主語「那種悲傷」的情緒，生動而鮮活地滲進了讀者的

意境中，實屬可圈可點。

　　在採用駢文描寫比較複雜的事物和意境時，寫作中有時難以避免較長的句子；這時，文句結構的單元，如主語，賓語，狀語，和副句（Clause）等等之間的關系，容易出現混亂和重覆。這就是所謂語病或病句。可是，蓬文中這種夾有駢文的長句子，卻沒有看到語病，例如「有好幾家藝廊和精品店，從傳統寫實的設計，到大膽新穎的造型，藝術家想像力的前衛突出與無限伸展，令人嘖嘖稱奇。」這個由兩對駢文武裝起來的句子，不可謂不長，但是由於能保持為一個句子，而得以造就一氣呵成的勢頭。它靠的是語法清晰，主從有序，層疊分明，去向清楚。這是蓬文中另一個難得的優點。上述例句值得作為教材，在國文課堂的黑板上，以漢文語法為綱，用箭頭和括號作出句法結構解析的示範。

三、駢文孕育淺議

　　筆者在閱讀現代文學讀物或新聞報導時，每當看到成對之駢文穿插其中，即感有如大軍長征途中，稍顯疲軟之際，隊中突見雙駕馬車吆喝揮鞭，四輪市虎加踩油門，兵勇精神頃刻大振，文章氣勢立見奔騰。它固然是與個人對駢文情有獨鍾的文學養成有關，但駢文本身的確有深受古今讀者喜愛的理由。

　　筆者以精神醫學為業。對問題的思考和討論，不免三句不離本行。精神醫學專業的研究對象是人的思維、情緒和行為，包括正常和病態的人。思維有兩個方面，有聲的和無聲

的。有聲的即是可以聽到的語言；無聲的，則爲思想。所以思想和語言互爲表裡。正常時，相得益彰；病態時，彼此毀損。不論正常與否，它總是在腦生理提供的規則範圍內進行。凡是順從它的規則進行的，過程順利，人的感覺良好；否則相反，進行不順，也不愉快。

生命的本能，總是追求效率和輕鬆。人體各個器官的功能，包括腦司掌的思想，都是這樣。例如人在計算時，以思維爲主的心算麻煩，開始利用簡易的工具，例如掐指或畫符。數字大了，工具也要發展，否則算起來效率低，也不輕鬆。到今天，從算盤逐漸進展到電子計算機（即電腦的英文computer。其字面上的意思本來就是計算機），可謂登峰造極，效率和輕鬆何只千萬倍。

文字是思想以書寫爲形體的外表，語言則是思想以聲音爲寄托的留痕。文字爲了便於交流，不像語言自發而成，必需由交流的雙方約定一套共同的方案，才能達到交流的基本要求。這就是寫作的字法、句法等文法規範的來源和本質。和思想本身一樣，這些相約執行的規定，也追求效率和輕鬆的基本要求。

爲達到最高效率和輕鬆的要求，人的生理過程，不管甚麼系統和器官，都有一個最基本的要求，就是要有節律。其中以呼吸和循環器官的節律最爲明顯，其它如消化道，泌尿-生殖器官的節律活動不用儀器也可以覺查出來。如果用電子活動掃描探測，可以斷言，所有的器官的正常活動，都有明顯的節率。

節率的本質其實就是對稱，而對稱則是宇宙大千世界的萬事萬物運動的通則。節率就是縱向的對稱（Longitudinal Symmetry）。例如，心電圖前一分鐘和後一分鐘的掃描，正反兩面分別置於鏡框兩旁於加以比對，不就是對稱的兩段嗎？人的四肢，五官和大多數內臟的解剖結構也是對稱的。

　　駢文以對稱性的形式向大腦提供信息，符合人體腦活動的生理規律，因而產生良好的效應，成為人們喜聞樂見的書寫形式，值得在現代白話文中，適當提倡和推廣。

　　（本文作者生於中國武漢市。1954 年醫學院畢業後在精神神經病學專科和基層百科執業。1980 年由訪華的美國精神醫學教授資助，來美在加州大學精神醫學部完成四年精神科住院醫師培訓，並取得美國精神病學專家頭銜。從此留美從事精神病專科的臨床工作。歷來愛好文學寫作，成為北美洛杉磯華人作家協會永久會員。）

萬紫千紅入畫來

── 淺議蓬丹的散文

于 杰 夫

　　做爲一名在世界華人文學界享有盛名的女作家蓬丹，她的名字，以及隨著她的名字呈現於世的那些優美文字，自然爲大量的讀者所知曉。我是三年前移民來美國，算是一個新移民，而蓬丹來美國多年，且是洛杉磯華文作家協會創會會長，正是在作協裡，我有幸與她相識。但真正認識和瞭解蓬丹，則是在讀了她的那些優美清靈的文章之後。

　　來美國之前，我在中國大陸做過十六年的報紙編輯，也是一名作家。可能與此有關，一般而言，對包括小說和散文在內的文學作品，我會或多或少地抱著一種審視甚至挑剔的態度。而對於女性作家們的作品，這種態度表現得更加露骨一些。倒不是男權主義作祟，只是一種偏見，認爲女性作家的作品雖以細膩見長，終是少了些大氣優美。而省察到自己的這種偏見，則是在讀過蓬丹文章之後的事情。

　　我對蓬丹作品的第一印象是驚訝，或者說驚喜，有些像漫行在蕭落秋末的荒野上突然看到一株芳姿飄揚的迎春花，

以至於起初我不能夠相信這些美如珠璣般的文字竟是出自一位女性之手。讀蓬丹的散文，心頭時常會顫動一下 —— 為那些躍入眼簾的絕佳詞句而震盪。

「秋天，一切的輕狂浮蕩都會沉澱，人心深處一泓縹碧，便清朗朗地將自己照澈」 —— 摘自蓬丹散文「秋意濃」

「我最喜歡初夏的黃昏，看群山的邊緣被夕暉染成金黃或柿紅。而後，在越來越濃的暮色冶煉下，絢麗浮誇的顏采逐次化為沉潛凝肅的灰調 —— 藍灰、青灰、蒼灰……像生命的脫胎換骨。在晚霞最後殘留的光芒裡，我看到的是一幅墨色淋漓、筆力萬鈞的重彩畫」 —— 摘自蓬丹散文「不捨」

前者是詠秋，後者是寫夏。筆蹤之處，我們看到的不僅是詩般的佳句，更有深透靈犀的那種共鳴。秋時的天高雲淡，蕭風枯影，總會使人們感懷在心，生出些飄搖的哀傷，疏淡的輕愁。而在蓬丹筆下，一句「……深處的一泓縹碧，便清朗朗地將自己照澈」，便將這種複雜難表的悲秋思緒囊括得恰到好處，可謂精妙絕倫。讀蓬丹的文章，我常常會不由想起我國著名女詩人李清照。其中的原因我也道不清楚，或許是因這兩位站在時空之河兩岸的才女在其作品意境的精美上有著異曲同工之處吧。寫到夏天的黃昏，我們在蓬丹的字裡行間不僅感受到其語言的絢麗，還分明看到一個心緒清澈，滿懷憧憬的才女在和博大的蒼空、和縹緲的群山進行著親密的心靈私語。這裡要提及的是，並不是每一個人都有能力進行這樣的心靈私語，因為並不是每一個人都有著如此豐富、如此細膩、如此清朗的胸懷 —— 難怪她能寫出那麼多奇句妙

文！

　　蓬丹的散文絕然不是華麗詞藻的堆砌。讀她的文章，你不僅會被她那些美文所驚歎，也許更重要的，是應當從中體味到蘊含其中的博大美好的胸襟，以及做為一名女性對人生、對人間萬物的那種含情脈脈的愛，這就使得她的文章、或者說這些文章的意境昇華到一個新的高度，一個飽含著人性之美的高度。這方面的例子在蓬丹文集中可謂比比皆是。如在她的《黑夜裡綻放的白焰》裡，家裡一盆普通的花卉，竟能惹得她夜半不眠，在院落裡與她心愛的花深情相語。

　　「月白色的花瓣全部舒展了，幾乎有兩個手掌那麼大朵，襯著鮮翠的葉片，端秀、雅淨，所有深藏的心思全然傾泄，再無一點隱私，因而顯得朗亮無塵。幽幽渺渺的香息將玄黑的靜夜濾成一缽清露，深深吸口氣，原來濃濃的睡意一掃而空……更深夜靜，只有物我兩相悅。」

　　再如在她的《老友》裡，寫到了一架舊時曾與她為伴的鋼琴，字裡行間同樣浸透了物我難忘的款款深情。

　　「時隔多年終能重聚，想必情緣未了 —— 啊，我的鋼琴……多年的荒廢，老琴潔白的鍵已顯泛黃，更走調得厲害，但那尊貴穩健的架勢仍在，精美的蝴蝶式的紋理依舊清晰，彷彿多年以來，她也在不捨地等待著，等待著與我這舊主人晨昏相親的日子。」

　　在這些優美的散文裡，蓬丹以她善良多情的心，賦予了那些物質以靈的屬性，同時也使得她的文章彰顯出清靈娟秀的美感。

　　我個人感到蓬丹的寫作大體似可分爲兩種風格，一種是寫景述情，高度精煉化的語言，高度詩化式的意境，令人讀來美不勝收。另一類稍有不同，在文體風格上更多了些敘述成分，或者說「散文」的意味更濃重了些。例如在她的文章系列裡有不少是寫旅行觀感。她的文采，她的觀察視角，以及她豐沛柔美的女性情感，在這些文章裡同樣表現出繽紛斑斕的光彩。例如她的一篇《雪夜列車》便曾給我留下難以忘懷的印象。

　　「夜半乍醒拉開窗簾，車已行走在茫茫雪原中。一望無際的白，鑲著一線黑魆魆的樹影。轟隆隆的輪響，一寸寸切割著盲夜，切割著時間，切割著冰凍的大地與醒者斷斷續續的思維。忽覺火車停滯不前了，就著雪光隱隱見到站牌。站名記不清了，倒是前、後站一個叫『大榆樹』，一個叫『孤店子』……想看看『孤店子』何許模樣，迷濛中卻再度入睡。然後一陣地動天搖，彷彿整節車廂將脫落，而那鋼鐵碰撞之聲，似又將我們鉤鎖住了，繼續不止息地往雪夜深處奔去。接著有煤煙味襲來，模糊地意識到，火車已駛往關外了……」

　　在蓬丹的這些敘寫中，我分明感到了當年魯迅先生的寫作風味，大氣度大手筆，寥寥勾畫便給人親臨其境的感受。當然，似這樣的文章在蓬丹的文集裡還有很多，此處僅爲示例。

　　據我所知，迄今爲止，蓬丹已經出版了十二本文集，實話實說，我還沒有來得及全部拜讀。儘管如此，我仍然毫不懷疑她是一位有著傑出文學創作才華的女作家。在我所讀閱

過的女性作家散文體寫作中，迄今我還未見過出其右者。如果將她的散文比喻成一幅畫，我想是可以用萬紫千紅來形容的，其中散漫著絢麗優美和雍容華貴的光彩。而且我頗有些自信 ── 這個結論，應當會得到不少蓬丹散文讀者的認同。

（本文作者簡介請參見編者介紹）

第四帙　名家評賞

蓬丹作品的書序或跋，
由名家進行深入淺出的賞析，
解讀文學精義以及作者之創作精神。

在于德蘭家，張秀亞教授生前花香樹影的「北窗下」

《投影，在你的波心》序

張　秀　亞

　　此次來美考察文教，在我實可說是一次美好的心靈之旅，因為不只看到一些昔日在台北即相識的文友，且後來結識了一些新文友，本書的作者蓬丹，即是其中之一。

　　一日年輕的文友玲瑤來看我，同來的還有蓬丹，我們三個人在淺金色的日影下，談詩論文，過了一個愉快的午後。

　　過了幾天，承蓬丹又來造訪，一件珠灰的衫子，襯托着她唇邊溫柔的笑意，她將一本厚厚的文稿剪貼簿拿給我，要我為她寫篇序文。

　　我欣然的打開了她的文稿簿，首先映入我眼中的，是那別緻的書名：《投影，在你的波心》 —— 徐志摩的詩句，由她巧妙的擷取來，更顯得詩情豐溢。

　　晚間，我在窗外投來的，徐志摩歌讚過的「斑爛的星輝」，與燈光的交映下，開始品味她的文章，覺得實在是一次豐富的心靈享受。

　　這是她近年來發表的優美散文的結集，集中更分為數卷，儘管主題不同，但每篇皆充滿了深摯的感情，且以豐富

的想像力、聯想力爲她的彩筆加了雙翼。

由文字中見出，她是一個喜歡耽於思維的女孩，她似在天階夜色涼如水的清境中，悄然而立，靜靜的觀照人生，探索人生。

她的每一篇章皆告訴我們：她的國學頗有根底。她顯然是自古典、傳統的華美文學殿堂走出，步履輕快的走入了嶄新的現代。這是一條正確的寫作道路，她的題旨雅正，而筆端調和着新異的色調，正如雨後山泉才匯成的涓涓清溪，因爲源遠，所以流長，我們可以預言，她寫作的前程，光景將是多麼美好。

我們都感知她文字的空靈，但別忽略了她的一枝筆乃是自現實出發，末了卻能超越了現實，她的詞采互流交織，富於哲思及夢影，氤氳出一股湖上水霧般的情致。我們讀來，覺得她的筆下幽思綿渺，展現出她觀念中的人間世。

古人稱詩文爲「心畫」，我們高興在蓬丹作品的畫廊裏，看到她這些幅感人的寫心之作。她的作品給我們的印象是：即景喻情，形成了一個象徵，托出了一個溫情的世界。她還年輕，如果循此途徑，再往更深邃處走去，掘發富麗的人性，以及多層次的人生，自會有更能震撼我們心靈的作品。在此僅慶賀蓬丹作品已有的成就，更預祝她有更大的成就，想這位有文才、富文采、用筆如撫琴的作家，琴聲再度起處，彌覺山遙雲深，意趣無窮。

載自《投影，在你的波心》一九八八年六月二十日於美西旅次

（本文作者原籍河北省滄縣，輔仁大學英文系學士、歷史研究所研究。創作風格新穎清麗，意境深遠，作品以散文著稱。十四歲即開始創作，高中時出版第一本散文小說合集《大龍河畔》，贏得「北方最年輕的作家」的美名。創作及譯著達八十二種，獲獎無數，被譽為「全才之筆」。曾任教於北京輔仁大學、台灣靜宜大學及輔大二十五載。）

等待更多虹的顏色
── 《虹霓心願》序

丹　扉

　　去年春天，好友蓬丹一下子就推出兩冊單行本，散文集
《投影，在你的波心》和小說集《未加糖的咖啡》，真叫我
驚異。原來這樣一個外形漂亮的女孩子，文學造詣也如此突
出。

　　與蓬丹結識，不過是近三兩年的事，而且由於分居異地
── 她在洛杉磯我在台北，見面的機會實在很少，卻因基於
共同對文藝的興趣，一交便交得很「永遠」的樣子。

　　其實論個性，我跟蓬丹一點也不像是「一路人」，何況
還有年齡的大差距；能相交，恐怕許多時候是蓬丹「委曲求
全」，她待人總是溫婉又週到。

　　她的文筆和風格，跟我也不是一條路；我長年專寫「吾
手寫吾口」既嘮叨又平敘的雜文，她卻「伊手寫伊心」頗富
深沉哲思又多美麗文采。

　　是的，文采，一點都不錯，她筆下似有用不完的好詞彙，
顯示出她扎實的文學根基和豐富的想像力。我想這跟她的家

學淵源以及雙親的教誨榜樣有極大的關係。在她的幾本書中，對家中的描述雖然不多，卻已經夠讓人知道其中的溫暖與勉勵。

距去春不到一年，蓬丹告訴我她又將結集成書了。看了《虹霓心願》的初稿，我深深相信，蓬丹花費了相當多的心力在這些篇章上。因爲其中有好多我仔細讀來才覺是很不簡單的句子，文字的功力使得一些原本平凡的情景與心態，變得陡地生動了起來：

一條街，是一行註解，初步爲桑田滄海，物換星移的人生釋義。 ── 紅燈釋義

書頁削薄銳利的邊緣，劃過賣書人的手，纖細而突兀的痛楚，令他輕呼起來。那指上的血痕，似在表明一種盟誓，但是書，書始終那般冷肅無聲。叫人類頓然覺得，所有的典籍牘冊，都不過是一疊無情的紙張。 ── 詩書知己

我也祈願自己的那一瓶生命清泉，雖曾滴漏，仍能化育一方夢土！成就一片星空。 ── 書籤的歸宿

風雨幾番，流年偷換，生命，已成爲一疋層層印染的布，五色紛紜，莫衷一是。 ── 研墨心情

誰都看不出，她們也有過尋金尋夢的歲月。

誰都不開心，她們是否也在承擔著失落失誤的哀遲……
── 南美婦人

以上都是我讀了蓬丹文稿後信手拈來的，算不得精挑細選；但單是這些文句，我已願爲它們打下高分數。

而在「晴虹人間」這篇短文中，蓬丹這樣寫著：彩虹，

原來可以不是凝在天上、無法攀登的仙界物事，而竟是活生生的，可以探觸的人間至美⋯⋯

　　我想這段文字，就點出了全書的精神所在。美麗的詞藻，並不是在堆砌空中樓閣。而是希望，將生命中最完好的剎那、最深刻的感受捕捉住，落實在紙上成為人人可以誦讀、可以欣賞的佳句。

　　蓬丹還很年輕，又很幸運地工作也一直沒離開文化圈，相信不用我說，她未來的文字生涯，一定長遠又美好。我們且等待她為生命描畫出更多虹的顏色。

　　（本文作者原名鄭錦先。南京金陵女子大學中文系畢業。曾任記者、編審、中學教師。著有《婦人之見》、《反舌集》、《吸塵集》、《叮噹集》等十餘種書。從事雜文寫作近三十年，人如其文，樸實俐落，機智幽默。）

從生活中思索 提煉生命哲思
—《花中歲月》序

蓉 子

認識旅美作家蓬丹女士,是在臺北召開的一次文藝研討會上。時隔不到一年,今年五四文藝節慶祝大會上,又見她翩然歸來,丰采依舊,仍然如初晤時那等清秀伶俐,而且喜溢眉宇,原來她榮獲本年度文藝協會「海外文藝獎章」。對一位從事文藝工作二十多年,且將於今年秋推出第八本單行本的蓬丹來說,確是實至名歸。

就在蓬丹返回僑居地的上午,突接她打來的電話,告知其新書《花中歲月》即將於著名的九歌關係企業 ──「健行出版社」出版,邀我為她寫一篇序,令我感覺意外,因為在一位在散文創作方面經營有成,而且出版過多種散文集的作者來說,竟讓我這從事詩創作大半輩子偶而寫寫散文的人為她作序,似乎「所託非人」,於是我不自禁地想起旅美詩人鄭愁予早年膾炙人口的詩句:「……是美麗的錯誤。」來形容此事了。

話雖如此,散文倒是我寫詩以外最喜歡的一種文體,因為這種文體形式自由,最為平易近人。字句長短不拘,錯落

有致，不受任何格律約束，可以從容直抒胸臆。尤其對詩人
們來說，偶而拋開字斟句酌、意象密集的詩創作來寫散文，
特別感受到了放鬆了的喜悅，享受自由自在的創作樂趣。當
然，這樣說並不表示散文是全然不需要寫作技巧，可以任意
為之的。好的散文同樣需要組織結構，而越是高水準的散文，
組織也愈嚴密，同時，其文字本身的藝術也是十分講究的。
散文除了形式自由，題材多樣，內容也十分寬廣。它可以抒
情、遣興，可以是作者自己心靈的寫照；可以為書信劄記；
可以發議論；可以描景、敘事、狀物；也可以闡述深奧的哲
理。以上可簡約為抒情散文、記敘散文和哲思散文三類。年
輕時代我們多半將散文作為感情的載體，運用優美的詞藻傳
達一己的感懷和情思，而抒情散文的正統在我國散文的傳統
中出現得較晚，一直到明朝晚年才興起來，講求獨抒性靈，
非從自己的胸臆流出不肯下筆以表現 "真我"，重點在
"誠" 字。乃充分發揮文學創作的自由精神，因出自己胸臆
的，絕不會和他人雷同。我想到的是通常我們所閱讀、欣賞、
推舉的多半是這類抒情的「純散文」。至於記敘散文包容最
廣且極具實用性，如議論、講辭、遊記、序跋、歷史等。試
舉一例，像《尚書》就是中國最古的散文；也是中國最古的
歷史書，記敘人類興亡盛衰的事蹟。今日風行的深度旅遊文
學（十多年前，承「純文學出版社」為我出了一本《歐遊手
記》屬此文類）就不僅僅浮光掠影地記下那些古跡名勝，也
考察他們的藝術民情以及深厚的歷史文化背影，滲入作者的
才思、觀感和識見方能寫出具有個人風格，不落俗套的遊記

文學。至於哲思的散文則多為智慧型的散文，富涵人生哲理，探討宇宙自然，生死禍福，形而上思維的文章。這類文章往往有其深度和境界（當然，在抒情散文中那種獨抒性靈的散文，當「情」與「境」會時，也往往有高的境界）。

我先睹為快讀完了《花中歲月》已二校的影印稿 —— 給了我閱讀時不少的方便。全書分為五輯，即「花之卷」、「島之卷」、「生之卷」、「琉之卷」、「冰之卷」共五十篇、篇幅不長的文章。各卷雖有不同的內涵與表現的重點，從大體上來說，仍以抒情為基調，以精簡的文字和短小的篇章娓娓地訴說出她生活中所思所感，在用作書名《花中歲月》的篇章中：形而上思維的文章。這類文章往往有其深度和境界（當然，在抒情散文中那種獨抒性靈的散文，當「看花開花謝，四時交替，一切都依序前行，百草千花從不誤花期，繁華散盡也從不貪戀……。」此外從曇花瞬息潔白晶瑩的綻放，來啟示「生之短暫，更需活出一份尊貴。」從參觀故宮古董鐘錶「音樂盒的秘密」悟出：「保留再多的鐘錶，又怎能留得住一點一滴的光陰？看了無數鐘錶，又何以勘不破時間的秘密？」以及「由飲食想起」中的「不甘於索然無味，人生就可以永遠處於巔峰狀態嗎？」，「當你在眾人中仰視的峰頂沾沾自喜，捨棄何等困難。」，「將人間的桂冠拱手讓人，的確需要一種胸襟和氣度。」以及其他篇章。

她更將第三輯以「琉之卷」命名，以示人世的種種恰如琉璃易碎。這些都是從生活中提煉出來的哲思，讓讀者可以跟她一同去思索生命的意義。由此可知蓬丹的散文除了真摯

的情感外，也有很多理性和智性的成份在，甚至在第四輯裡
「燈柱下的漫想」一文中，運用了詩人常用的聯想力，她從
矗立在一幢新大廈前的一長排街燈的圓形燈柱，聯想起古希
臘羅馬的石柱，這是由於燈柱柱頂上的雕刻花紋而引起的，
突然作者的想像又穿越時光，穿透未來，到達千餘年後，想
像那時，新建的這座大廈早傾塌，甚至承載玻璃大廈的柏油
馬路也被某種先進的建材所取代，而且那時候，可能像今天
的所謂 「街衢巷弄」都沒有了。而在作者想像中，這些圓
形的石造燈柱尚留下來，為那一段歷史的滄桑作見證，就像
今日我們去憑弔那些悠遠但已湮沒了的文化遺蹟一樣。可知
運用想像或聯想能夠增添文章的魅力。不過個人認為作者如
能將這些文章再精簡些，也就是說，刪掉從「即使到今天，
世上一些……」以下的兩小節文字，則全篇主題更集中，組
織也更緊湊，這篇短章也就顯得更完美了。

　　作者心性敏銳，筆觸細緻。雖所寫多為生活小品，但不
自我局限，乃隨時掇拾生活周遭感動她的人、事、物、象，
發而為文，篇篇言之有物，對人生也多有啟發，是一本值得
一讀的好書。

　　（本文作者原名王蓉芷，江蘇吳縣人。她的詩作主題包括
哲思、親情、旅遊、詠物、對大自然的讚頌、對女性形象的書
寫等等，部分詩作則觸及對社會現實和都市文明的批判。出版
了將近二十本詩集，作品被選入多種國外詩選，為台灣著名
女詩人，與夫婿羅門被譽為中國詩壇的「伯朗寧夫婦」。）

《人間巷陌》序

黎　錦　揚

　　一路走過人間巷陌，以溫柔的眼神觀測世事，以溫柔的心性洞察世情，筆下流露的則是深度的人間關懷，與作者不溫不火的處世態度。

　　翻開蓬丹細心整理的文稿，先讀「文字脈動」卷，第一篇「夜未央」就引我共鳴。中國作家老舍，美國 John Steinbeck, Ernest Hemingway 英國作家 Somerset Maugham 諸文豪的傑作，我最愛讀，但現代已少有人對他們著迷崇拜。喜沉思，具有悲憫胸懷的作者，不免憂心一些偉大的的靈魂將被歲月浪花淘盡。

　　「愛情片語」卷的文字著重在人生種種因緣情事。「問情二帖」耐人尋味，在於當今之世，功利掛帥，情義雙全之士有如人中「極品」，打著燈籠也找不到幾個，因此，社會檔案中充斥的是無情無義的事件。

　　「失去純真年代」以精鍊的文字，嚴正的態度揭露人性的沉淪，讀後對世間情事的是非曲直，不免由衷深省。

　　聖人君子，可以共事相交，但不一定是好伴侶，就像食

物，營養卻未必好吃。咀嚼著衛生而乏味的食物，我們的舌尖往往渴望酸甜苦辣的刺激。人與人，特別是與情人的關係，常常有此糾葛。「有點壞，又不太壞」為我們指出了這個盲點。「女人味 vs 男子氣」也是一篇有關男女之情的相當生動精巧的作品。

「生命觀想」這一卷，談到人生行路上相遇的人與事，也許是北國早春的鳥語，也許是異鄉歲暮的聚合，都曾引起作者思索，蓬丹溫柔婉約的文筆讓讀者如臨其境，也隨她的腳程走過歲月。

「人間巷陌」之卷，是十分細膩動人的旅遊文字。綿綿情思映照幽幽山水。令我不禁生出思鄉之感，回味舊日在家鄉的情韻。文章中有故事，有人物，有傷感，有不平，散文的手法，讀來也有「短篇小說」的意趣。

這本書中有很多我很喜歡的，深刻的文章。在國外多年的我，更為能看到這樣多美好的文句而驚喜。但我不願在序中多寫，第一，我怕「畫蛇添足」；第二，我希望讀者自己去欣賞，字字細嚼，它營養衛生而又好吃，是不可多得的上品。

（本文作者 1940 年畢業於西南聯大，1944 年赴美國留學，畢業於耶魯大學，出版十一本英文暢銷書，《花鼓歌》在百老匯上演及搬上銀幕，歷久不衰。）

蓬 丹 論

阮 溫 陵

　　蓬丹是位多產而令讀者喜愛的北美華人女作家，早已蜚聲台灣文壇和北美華文文學界。

　　她祖籍福建寧德，畢業於台灣師範大學社會教育系，主修圖書管裡，後赴加拿大研讀商科與文學，結業於哈利法克斯學院。

　　八十年代移居美國，歷任採購經理，報社編輯，圖書公司經理等職。她大學時代即開始小說創作，嶄露頭角，文壇馳騁二十餘年仍馬不停蹄，手不停筆，而以散文為著，出版有《失鄉》、《投影，在你的波心》、《未加糖的咖啡》、《虹霓心願》、《沿著愛走一段》、《夢，已經啓航》、《流浪城》、《花中歲月》等作品集，曾獲『海外華文文學著述獎』，台灣優良作品獎和『五四文藝獎』。一九九一年當選北美洛杉磯華文作家協會會長。

初識蓬丹

　　第一次認識蓬丹，是在最近一次北美華文文學研討會

上，她給人的印象是待人誠懇、熱情、友愛、一見如故，是
一位值得依賴的善良純樸、溫柔敦厚、情意深重、寫作勤奮
的文學朋友，又是被朋友認為是一個值得懷念的人（摘自「故
人」）。在著作交流中，承她回贈在台灣出版的集五十篇散
文於一書的《花中歲月》，才有機會接觸她的散文創作及藝
術境界。觀其文，知其人。作家蓬丹是由一堆感情誕生的。
正如她寫道：「我覺得自己是個背了一身情債的人。對於世
間萬物，我常懷眷愛之心。即使微末如路邊一朵野花，天際
一朵閒雲；虛渺如春夜星光，秋後蟬鳴，也能勾起一腔感動。
至於美好的經歷，善心的人物，我就更是不捨或忘了。情到
深處並未情轉薄，反越加有種春蠶到死的執著…因著至情多
感，活著對我真實而深刻。並且，藉由手中的一支筆，我得
以把蘊藏心坎深處的種種感受化為珠璣文字。「無價的收藏」
這種多情、至情、真情，就是性情中人蓬丹，就是蓬丹散文
的天性。然而從《花中歲月》自序所寫，這「一路顛躓行來」
的「第八枚足印」，「發覺自己較數年前沉斂許多，不再心
比天高，只是無悔，持續地走著自己選擇的路」，「更在傷
感中沉澱一份關懷與眷念，可以看出蓬丹已經走向成熟」。
《花中歲月》沉澱的，正是作家人生的關懷與眷念，高揚的，
更是作家藝術美人性美的旗幟 ──

　　文學的機杼上，我以繁花色澤織錦。織出一段段醇厚記
憶。人間歲月若麗似春花，只緣轉瞬即逝的花樣年華，在恩
深情重的字粒之中，尋到了永恆的可能。

　　文學的蜂房裡，我以採蜜的姿態，努力汲取生命中最熱

烈的香息，例如音樂與藝術，例如親情與人緣。那份沉香，總在憂傷紛擾的時刻予我撫慰。也希望能為同樣走在崎嶇世路上的朋友，收羅幾許芬芳！

綺花瓊蕊，或含苞，或盛放，皆預示了凋殘的必然。敏感的文學心靈，遂悟人世的原相終屬琉璃易碎。然而也正因如此，我們才必須把握這剎那的光燦，活出最美的姿顏！（摘自《花中歲月》序）

這種表白，有對變幻人生的思考，有對藝術理想的追求，很像是蓬丹文學創作的「宣言書」，因而可以引導我們進入她散文的天地，遊覽她霞光璇耀的感情世界。

篇章簡短 命意新穎

蓬丹的散文創作，很講究文體的構築和意旨的提煉。海外生活節奏緊張，華人華僑大多要為生活為事業疲於奔命，很少有多餘時間來讀賞長篇作品，蓬丹身處其中，深有體會，而散文天性自由靈活，又貴在精煉簡短，正適合這種特定環境的寫作，更能符合讀者口味。我國散文，自古以來就有短小精悍的傳統。短，篇章短，文字簡；小，層次少，結構小；精，取材精當，觀點鮮明；悍，優美生動，引人入勝。蓬丹散文正發揚了這一藝術傳統，這四個字有互為因果的統一關係：有「精」才有「悍」，有「小」，才有「短」內容上的又精又悍，才能達到形式上的又短又小，而形式上的一「短」一「小」，也會反過來促使內容更「精」更「悍」。但要做到這四個字，一要善於立意，二要工於布局。所謂「以意為

主，以文傳意」——「意」即指思想主旨，凡布局謀篇，均受其指揮，立意新，才能布局精。立意者，乃文章成敗之關鍵也。故「詩文美者，命意必善」蓬丹散文追求新意，一旦立意，即能以「意」為中心，組織材料，營建結構，苦心經營，讓短小的散文篇章錯綜變化而開闊頓挫，激盪起伏的波瀾，既「形散」——思路放得開，又「神不散」——一切集中在「意」上。

擬人託喻　觸景生情

　　蓬丹散文創作很重視取材剪裁的手法，和表情達意的技巧。散文要精煉。精煉是為了煉「意」，出「神」。但精煉中還得鬆動，要有聯想、想像、比喻、象徵、擬人、託物、景象、意象、物象、情緒等等，還應「顧盼左右而言他」，有一種視野的拓展和搜索的空間，有一種感情的自由泛漫，此即所謂「形散」。但「形」是為了「神」，有「散」才有「集中」。蓬丹散文都是掇拾現實生活中令人難忘的人、事、景、物，並由此引出所思所感所悟發而為文，而把寫人、敘事、繪景、狀物、抒情、議論揉合在一起的。因而為了便於闡理，揭示思想意韻，營造意境和氛圍，常常要藉物擬人，引物託喻，以喻明旨，藉景抒情，情景交融，「借題發揮」，體物寫志。

文筆風流　詩畫並出

　　蓬丹對散文創作技巧是十分精通的，尤擅長於語言的經

營和意境的創造。散文的天性是自由的、活潑的，思想是閃光的、耀眼的，服飾是秀麗的、高雅的。散文要求感情飽滿，愛憎分明的有個性有文采的語言，『鋪采摛文，體物寫志」。正因此，與人把賦納入散文的範疇，又有人把散文當作詩來寫。這說明散文要講究語言和意境，情文並茂，詩畫交融。而語言和意境又離不開散文家的性格與風格，因而有劉勰（體性篇）中的所謂典雅、遠奧、精約、顯附、繁縟、壯麗、新奇、輕靡等八體，所謂賈生俊發、長卿傲誕、子雲沉寂，子政簡易、孟堅雅懿、平子淹通、仲宣躁銳、公幹氣褊、嗣宗俶儻、叔夜摧俠、安仁輕敏、士衡矜重等十二家。作家的生活經歷、文學修養、思想境界，決定作家性格及其創作風格。人如文，文見人，其人其文是統一的。倘要究其「體」，蓬丹是比較接近於「典雅」、「遠奧」、「精約」的；要講風格，則有點「俊發」、「簡易」、「輕敏」的傾向，此一體一風格，來自蓬丹的思想性格，因而我們能從她寫出的一手好散文中看到她天真可愛的性格，並可以由其性格觀照其情文並茂的語言和詩畫交融的意境而加深理解。

　　蓬丹的語言，來自對生活的體驗和對人生的感受，是從藝術實踐中長期提煉出來的 —— 精當準確，淡雅鮮麗，醇美清新，浸滿詩情，透出畫意，也是一座百花園，絢爛紛菲，引人入迷。蓬丹的散文，不僅是一首首抒情詩、敘事詩、哲理詩、詠物詩，而且是一幅幅水彩畫、粉墨畫、油畫、國畫、版畫、速寫、素描，其中又有花鳥畫、風景畫、人物畫、靜物畫、寫意畫，或輕描淡寫，或濃墨重彩，或背面敷粉，或

反復縟染，瀟灑裕如地運用了多種手法，可謂儀態萬千，名花紛呈，琳瑯滿目。這裏表現的，則是又一種蓬丹式的藝術個性。

這是海外華文文學的奇花異葩，裴然奪目，神采流動，芳馨濃郁，韻味悠然。相比之下，蓬丹雖不及散文大家取重大題材「文以載道」，剖析現實剔骨見髓，但她能更多地面向自我，以生活見聞的「閃光點」作心靈的感光。其思考人生的哲理詩情，始終以人性美爲藝術中軸，因而能自闢途轍而在繁聲競響的海外文壇標能擅美，獨樹一幟。

（本文作者筆名少鶴、雁翎，福建泉州人。1961年畢業於華東師範大學中文系。任國立華僑大學中文系教授、碩士研究生導師）

（編按：本文全文原載《北美華文創作的歷史與現狀》，文長近二萬字，此處篇幅所限，在本書中擇其精要部份刊出，然由於暫無法聯絡上阮教授，在此向他致歉並致謝。）

人間亦有痴於我

── 序蓬丹小說集《每次當我想起他》

王　逢　吉

人有人緣，書也有緣，隨緣惜緣即是造化機運。

洛城華文作協名作家蓬丹出版新書，請我給她寫序。其實她的第一本《失鄉》就是我給她寫的序。回憶起來這已經是二十三年以前的往事了。這不是造化機運！

時光匆匆，文藝思潮變化莫測。這些年來我覺得她寫作的心路歷程是艱辛勤奮的，在生活的歷煉，智慧的成長中有許多創新和突破，很受青睞，很有收穫，對寫作當然是一種鼓勵。

當年我評論她的作品文筆清新，情思細緻，予人以玲瓏活潑，晶瑩明澈的印象，娓娓描述流露出真摯和溫婉氣息，低廻淺唱裡瞻望蒼茫，又有些許惆悵，徬徨莽莽人間情歸何處？似乎感受到歐洲「存在主義」的迷思。年輕人嘛，都有這種心態，未來的成就有待她自己的造化機運了。

她這本小說集即將問世，我覺得她寫作方向有很明顯的轉變：文筆犀銳，技巧透明，激盪感情的描繪裡潛涵著森森

冷酷之情，用強烈的對比發展故事，具有濃厚的傳奇色彩卻依然徘徊於藝術「美」與人性「真」的兩者之間。尤其是不忌諱人慾的殘刻、虛偽、荒謬、醜惡的存在，敢於暴露出來，企圖獲得調和統一的平衡點，這是需要高度才華和超強勇氣，始可成為新思潮中訴求的主流意識，她正在這條路上跋涉。

　　構思小說，下筆就要巧妙的玩弄人的感情，利用小說人物的性格和故事相互「交織」和「衝突」慢慢推上高潮。環節相扣，導引人沉溺於喜、怒、哀、樂到不能自拔，這是高手。但要了解人性中涵蓋了「靈」與「慾」的兩極矛盾，在心理分析的細膩手法中提升心靈層次，往往過於高寒；暴露隱藏的性慾又難免墮入庸俗，這是挑戰更是考驗，動輒得咎，經常毀譽參半沒有定論。路是人走出來的，要繼續走。

　　生活在層次複雜，思維多元的社會裡，欣賞文藝創作見仁見智，各有認知不同。如果善於捏拿分寸，執生花之筆，深閨床笫逸韻，桑間濮上野風，未嘗不可以轉變成至情至性，得自天賦的優美象徵。運用之妙存乎一心耳。

　　人永遠生活在感情圈內，讀愛情小說，常常痴迷於一脈純真的愛，是一塵莫染的赤子之心，難能可貴，何況是直教人生死相許的悲情呢？小說家程小青讀牡丹亭詩：

　　　「冷雨幽音不可聽，挑燈閒看牡丹亭。

　　　人間亦有痴於我，豈獨傷心是小青。」

　　夜色深沉，冷雨淒迷。孤燈熒熒之下，閉門看愛情小說，彷彿傾聽輕言軟語悲情的訴求，朦朧如在幽夢中，怎麼不為

之痴迷？人不能無情，情之所寄，一往而深時不痴不能寫小說，也不能讀小說。凡世間感人的作品都是血淚寫成的。

2003 年 7 月 7 日　聖荷西
（本文作者簡介參見第三帙）

有一種神奇的、熨貼的美麗心情

黃　美　之

一、濁世中的一種清音

　　默默筆耕二十餘年，蓬丹以清靈水秀的文字，溫柔細緻的風格，受到海內外讀者的喜愛。即使現今文學市場不是很景氣，好的作品因足以予人慰藉與感動，仍能一再得到激賞，而其作者也就成爲濁世一種清音，維持文學風氣於不墜。蓬丹在台灣出生，畢業於台灣師範大學社會教育系，主修圖書管理，後來到加拿大深造，研讀商科及文學，因不慣北國的寒冷與寂寞，遷居南加州與家人會合。她先在加州日報當編輯，後被長青圖書公司挖角，工作十年之後，轉去她先生的公司一同打拼，雖俗務纏身，蓬丹對文學的追求從未放棄。

　　她文思豐富，求學期間是作文比賽常勝軍，大三開始向報刊投稿，美麗的文采令編輯、讀者爲之驚艷。蓬丹姓游，父母替她取名蓬丹，意思是蓬萊仙島出生的丹桂。蓬丹說：這名字好像是天生得用來舞文弄墨。而蓬丹手中也就像擎著桂枝，在文學的天空中冉冉上昇。一九八〇年處女作《失鄉》

由正中書局出版。她說那是青春的一點燃燒的痕跡。這部小說與散文的合集，無疑也在文壇燃燒出一抹閃亮的光彩。

　　可惜這之後，由於工作、搬遷、移民等等生活的變化，蓬丹有很長一段時間無法寫作。她的第二部散文集《投影，在你的波心》是在一九八九年出版的。這部書榮獲當年「海外華文著述獎」，評審譽為「文筆清新細膩，內涵精美，啓發人生」，可見她的文學功力並未荒廢，反因生命歷練而進入一種新的層次。

　　蓬丹初試啼聲寫的是小說，因為個性比較內向害羞，要藉故事人物表達一些平時不輕易對人啓齒的心情或思想。這些小說多數在當時海外唯一能看到的中央日報副刊發表，描述理想的追尋、異鄉的失落、情感的困境、生存的探索，予人審思回味的空間。一九八九年她選擇其中八篇，結集成《未加糖的咖啡》膾炙人口，風行一時。

　　蓬丹的作品吸引了出版家的注意，台灣一家相當有名的出版社曾四處找她，在文藝出版事業低迷之時，躍昇的林總經理卻因欣賞蓬丹文字中的詩意與深情，一連為她出了《虹霓心願》、《沿著愛走一段》、《夢，已經啓航》三部散文集。其中《夢，已經啓航》著墨於移居異國的種種心境轉折，從初抵的不適、懷鄉、念舊，到接納了她落足的地方，並逐日溶入那地方生活。但返鄉時重溫舊事、重見故人的心靈激盪不已。身在異域與重臨故土的兩地對照中隱見尋夢的痕跡與奮鬥的歷程，所以加州核桃市在該書發表會上推荐為所有華人移民必讀作品。

二、呈現深廣的關懷面

　　一九九七年，幼獅出版社推出《流浪城》，蓬丹在這部書中以感性的文字，理性的思考，表達一種人間關懷。她說：流浪是生命中無法拂逆的原相，我們在歲月裡流浪，每一時刻都在和上一分秒訣別。我們在城市之間流浪，只有愛和慈悲的足印留下。蓬丹恩深情重的文字，溫柔高曠的境界，使這本書得到省新聞處優良作品獎。

　　今年才過完春節，蓬丹告訴我，她又有一本新作已與聲譽卓著的九歌旗下健行出版社簽約，預定八月出版。乍聽覺得她出書就像拍拍手便點燃一盞魔術燈，細想那其實是多年辛勤筆耕的功力與成績。

　　新作定名為《花中歲月》，有幸讀到她的剪報原稿，跟隨她的筆鋒與思路行行復行行，在她綿細如春雨，澎湃如春潮的感思中驚喜悠遊。《花中歲月》分為花樣年華，生命沉香、琉璃世相、島嶼停泊、冰雪記憶等五卷。蓬丹的作品讀來恰是五十弦的錦瑟，慢捻輕彈，聲聲入耳。近兩年來的文韻更上一層樓，關懷面更加深廣，可說已從小我的精緻玲瓏，跨入大我的亮郁冷靜。

　　當我闔起那疊文稿，李白的「清平調」突然湧現心底。蓬丹的《花中歲月》給我一種神奇的、熨貼的「春風扶檻露華濃」的美麗心情。

三、接受錘鍊的生命

　　1998 年四月下旬我倆同赴波士頓，參加北美紐英倫華文作協所舉辦的「史、詩、小說研討會」蓬丹談的是小說，她說她用《未加糖的咖啡》命名她的小說集，因為她不但「喝」咖啡，而且是在品味生命。她覺得一杯香濃咖啡符合她的生命情調，她指的是真正的咖啡，不是那種速泡速食的即溶咖啡。真正的咖啡豆被研磨、煮沸，在水深火熱的煎熬之中釋出淡淡的芳香，就像一個接受錘鍊的生命。蓬丹濃厚的理想色彩在此流露無遺，也正是她為文為人可愛之處。

　　在波士頓時，主辦研討會的張鳳文友，把我和蓬丹都安排在我的老友李嚴教授家。嚴和他的夫人璧十分熱誠，不但照顧我們的吃住，還是我們的導遊，讓我們見到了哈佛大學有名的玻璃博物館，又開車去安默斯特參觀女詩人 Emily Dickenson 的故居。在這次短短的旅遊中，我發現蓬丹與我有很不相同之處，我去那裡都是嘻嘻哈哈到此一遊，而她總是以沉思面對一切景象。波士頓是歷史名城，惜我們不能久留，否則她定會把這城寫出個千頭萬緒。她雖百般不捨離去，但她得趕回台北去接受中國文藝獎章，所以依依中我們仍心懷喜樂回到洛杉磯。

（本文作者原名黃正，湖南浣江人，肄業於南京金陵女子大學歷史系。曾任台灣復興電台編輯、內政部職員，一九六三年與美籍外交官傅禮士（Fleischman）先生成婚，周遊世界，著有《傷痕》《烽火儷人》等多部作品，創辦德維文學協會。）

　　（編按：本文部份原載《花中歲月》，後作者改寫成此文。）

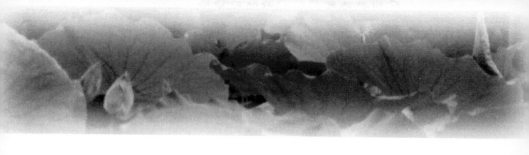

第五帙　書寫記事

蓬丹文學生活的編年紀事
輕歌搖櫓，沿光陰長河順流而下
極目天涯，任兩岸桃花的酡紅沾頰

居住在哈崗時期寫作甚勤

寶瓶世紀第一個十年，蓬丹有四卷書帙問世

六十年代

　　小學六年級時，教國語的孫葆真老師飽讀詩書，擅說故事，啓迪了蓬丹對文藝的嚮往，課餘耽於想像的天地。創作了一篇又一篇文字，並集結成冊，其中竟然包羅萬象，詩詞、散文、小說、童話都有。

　　高中時由於家近圖書館，開始閱讀世界名著譯本。當時偏愛十九世紀浪漫主義中崇尚美和理想的情操。特別醉心英國作家哈代筆下，充滿傳奇與夢幻的荒原，以及那種背景中誕生的綺麗淒惻的故事。

大學時代的蓬丹喜愛冥想

七十年代

　　初次嘗試小說創作，第一篇作品即獲發表於中國時報人間副刊。當時愛讀存在主義文學著作，傾倒於齊克果哲學思想，以及日本作家芥川龍之介的悲劇意識，因而對於生命的迷惘與存在的不安有尖銳感受，此後數年的作品也多半探討這種感受。大學畢業進入台中圖書館工作，開始閱讀中國早期及當代作家作品。因準備出國未能廣泛涉獵。《紅樓夢》是那時最令她驚艷的作品。

　　加拿大求學時期作品甚少，於中央副刊發表數篇小說，接獲眾多迴響。讀者的真誠有情令蓬丹極為感念，並使寫作更增使命感。一九七八年之後兩年寫作較勤，此時小說已漸次退離濃濁晦澀的蟲繭式探索，以平實生活為題材，並開始研讀散文作家的作品，在文字運用上力求精進。

八十年代

1980：《失鄉》由台北正中書局出版。當時對宣傳推銷全無
　　　概念，之所以將作品結集，純是為青春留下一點燃燒
　　　的痕跡，如此而已。收散文二十三篇，小說十九篇。
　　　王逢吉先生作序。

1981：遷居洛城，寫小說《劫》，一萬五千字，是蓬丹至今
　　　最長的一篇，被選入《海內外青年女作家選集》。

1982：受聘為長青圖書公司（劉冰先生創辦）總編輯，主編
　　　中英對照書籍評介目錄。

1984：此年開始每年負責規劃一次文藝活動，介紹好書及海
　　　峽兩岸作家。

1987：七月赴舊金山參加全美圖書館協會年會，主講「中文
　　　書籍之採購」。

1988：首屆「中華圖書文化展」在洛杉磯舉行，主講「台灣
　　　文學介紹」。

1989：《投影，在你的波心》由林白出版社出版，收散文三
　　　十七篇，張秀亞女士作序。
　　　《未加糖的咖啡》由希代出版社出版，收小說八篇，
　　　同年再版。

九十年代

1990：《虹霓心願》由漢藝色研出版社出版，收散文三十三
　　　篇，丹扉女士作序。
　　　任僑聲廣播電台「談文說藝」節目主持人。
1991：十月參加「海外華文女作家協會」第二屆年會，主講
　　　「海外出版中文書經驗談」。應邀與琦君、趙淑俠共
　　　同參加「南加州醫學會」生活經驗座談。
1992：三月參加「波摩那醫學婦女會」演講會，主講「經營
　　　一種美的生活」。
　　　七月美國世界日報書展，策劃主持「看好書，寫好書」
　　　座談。
　　　八月承「北美華文作家協會」之託，開始籌組洛杉磯
　　　地區分會。
　　　九月分會成立，當選會長。
　　　十月舉辦第一次活動，名為「初秋第一個書香午後」。
　　　十一月代表分會赴台參加「世界華文作家協會」成立
　　　大會。
1993：二月舉辦「在早春茶香中談心」活動。
　　　三月參加南加州科工會文藝組討論，策劃及主持「文

學經驗與生活」。

五月與華僑文教中心及作協合辦「中文寫作班」。

七月美國世界日報書展，策劃及主持林清玄、張錯對談「文學中的有情世界」。

十一月《沿著愛走一段》由漢藝色研出版社出版，收散文四十五篇。

十一月赴馬來西亞參加《海外華文女作家協會》第三屆年會，主講「洛杉磯地區文藝現況」。

1994：五月參加洛杉磯公立圖書館亞裔傳統月活動，主講「我的文學心路」。

同月應中國作家協會之邀，赴中國交流遊訪三週。在西安接受大陸最暢銷的婦女雜誌「女友」專訪。

十月與東海大學同學座談「文學與生活」。

主編「北美華文作協洛杉磯分會」會刊，定名為「洛城作家」，十一月正式出版。

十二月赴紐約參加北美華文作協年會。

1995：八月獲徐薏藍女士訪談，收入《愛的停格 — 三十位名人感恩的心》一書。

十一月赴台參加「海外華文女作家協會」第四屆年會。

1996：七月與亞洲商聯共同策劃「石俊峰新書發表會」，為洛杉磯首次企業與文學的對話。

十月《夢，已經啓航》由躍昇出版社出版，收散文二十九篇。

1997：二月《流浪城》一書榮獲台灣省優良作品獎，得省新

聞處贊助出版。

三月該書由幼獅出版社出版，收散文三十三篇。

四月舉辦生平首次新書發表會，介紹《夢，已經啓航》。

九月為西來大學與世界日報合辦之《美西圖書大展》策劃作家會談，設計「談情說愛話人生」、「文學中的咖啡香」、「讀與寫的快樂」三段主題，為該年僑學界盛會。

十二月赴台參加聯合報舉辦之「現代小說史研討會」，並應邀參加世界日報副刊（當時主編為田新彬女士）規劃之「海外作家紙上座談」。

1998：二月洛城作協主辦「虎年團拜暨頒獎典禮」，肯定文友筆耕的成績。

四月應邀赴哈佛大學，在「史、詩、小說研討會」上

以「我的初戀」爲題，擔任小說部分主講人。

五月初赴台，領取中國文藝協會於五四文藝節頒贈之文藝獎章，並爲文協主辦之寫作班主講「散文的創作與欣賞」。

五月下旬，出版社安排一系列廣播電台訪談。

八月《花中歲月》由健行出版社出版，收散文五十篇。名詩人蓉子女士作序。

九月中國作協舉辦「北美華文作家作品研討會」，邀請海外及中國知名作家赴福建省泉州華僑大學與會，並獲蔣步榮教授手書橫幅「翰墨緣」相贈，作家簽名均勒石以爲紀念。

十二月洛城作協主辦「北美華文文學研討會」，主持「讀者作者編者座談會」。

1999：二月赴台，參觀第七屆台北國際書展。

三月參加中央日報之「中副作者新春聯歡會」。二十餘年初前提筆寫作，蓬丹作品多在當時廣受歡迎之中央副刊發表，亦多次接獲請帖均未參加，首次赴會，特此一記。

五月開始整編《詩書好年華》。此外準備構思一冊中英對照文集。

八月下旬，應聘返台執教，寫作計劃暫時中斷。

寶瓶世紀

　　21 世紀被稱爲「寶瓶世紀」（Age of Aquarius），主張人類將由注重物質文明的舊時代，進入一個探索身、心、靈，得以成就慧命的新時代（New Age）。

2000：三月赴高雄師大進修英語教師學分班，前後共計三個月。在南台灣的春陽中重返校園，蓬丹認爲是人生中最美好的回憶之一。

　　　　十二月在洛杉磯台大校友會上主講「樂在生活」。

2001：一月承蒙名教育家孫鄭惠芝博士之邀赴台北市立人中小學主編校刊，並主持英語雙語教學計劃。

　　　　三月返美，整編最新散文集《人間巷陌》，報導文學《詩書好年華》，筆記書《思慕手札》。

　　　　四月下旬，返台接待由洛杉磯郡長安東諾維奇先生率領之五十人教育訪問團，並在校刊上作專題報導，隨後繼續進行英語教學計劃。

　　　　七月返美後，參加張秀亞教授追思彌撒典禮。蓬丹第一本散文集《投影，在你的波心》，即由張教授作序，前輩名家的鼓勵，深深銘感。

七月二十八日參加「女作家的書櫃」座談。

十二月《人間巷陌》由美國瀛洲出版社出版，收散文四十七篇。

2002：二月第十屆台北國際書展安排《人間巷陌》簽名會。

四月在洛杉磯舉辦之「金馬年春季藝文雅敘」，推介《人間巷陌》及徐永泰博士著《牛津留痕》。洛杉磯作家協會頒獎牌，喻為「用筆如撫琴，篇章似天籟」。

五月於北京參訪中國作家協會，與金堅範、白舒榮、何孔周、張愛琪、趙遐秋、梁艷等藝文界人士交流歡敘。

九月在蒙市長青書局舉辦「中秋文學茶會」，發表《詩書好年華》一書，當日安排了書展、清談、午茶、月餅、表演等豐富節目，蓬丹並慨贈藏書百餘種，每位來賓均可任選一冊。大家共渡中秋佳節，一同回顧來時路，也互祝另一段更豐碩的腳程。

此書在台北上市時被行天宮圖書館選作推介好書，評為「日常對話，深度傾聽」。

核桃市議員林恩成在「中秋文學茶會」上頒發獎狀給蓬丹

十二月應拉斯維加斯文友之邀，赴賭城主講「樂在生活」，並舉行座談。文友潘天良以「賭城文友相聚歡」為題作報導。

2003：三月赴台參加世界華文作家大會，在會上報告洛杉磯文藝現況。

四月應邀赴河南參訪，在鄭州大學文化與傳播學院，以「寫作的心得」為題演講並與同學們交流。

五月四日文藝節洛杉磯音樂關懷協會舉辦「文學與生活」座談會，邀請蓬丹以「文學情、生活樂」為主題，與大家分享生活樂趣、寫作歷程、返台任教經驗、行旅天涯的人生體悟等。

八月《每次當我想起他》由美國瀛洲出版社出版，收小說十二篇。王逢吉先生序。

九月起為台中空小校友通訊撰寫「蓬丹專欄」

部份空小校友歡迎李樸老師（右四）來洛杉磯，右三為
余燦昆會長，右二為蓬丹

九月「第二屆世界華文文學優秀散文獎」公佈，蓬丹
以「竹葉青青」一文得獎，於十一月赴雲南昆明領獎，
並應邀參加為期十六天之「滇西文化采風之旅」。

蓬丹代表得獎作家致謝辭，獲熱烈掌聲，其右為中國作
協鄧友梅副主席。

2004：二月應北德州文友社之邀，赴達拉斯與當地文友座談，
　　　講題為「有情人生」，說明文學與愛情如何美化人生。
　　　社長王國元，文友郭仲琦、鄭易子等多人盛情接待，
　　　相談甚歡。文友施雨特撰「人間自是有情痴 —— 記蓬
　　　丹女士的『有情人生』講座」，刊於「文心社」網站。

施雨與蓬丹攝於達拉斯

三月起應美國教育文化基金會之邀，任該會出版之文
藝雙月刊「環球彩虹」主編。在發刊的編輯心聲中，
蓬丹表達了耕耘文字田畝的心願：希望這份刊物能呈
現人間的溫暖有情，天地的開明光亮，從而認知，能
在遼闊的宇宙中散發出自己那一份愛的能量，是一種
多麼神奇的機緣與恩典！

五月美國世界日報書展，應邀主講「永是有情人」。

七月洛杉磯「天仁茗茶輕鬆小站」開始舉辦「週三有
約」藝文沙龍活動。此項別出心裁之活動為該著名茶

館負責人陳貴東先生之創意構想，安排周愚、何念丹、潘天良、蓬丹等輪流上場與茶友清談交流。

2005：一月被推選為南加州師大校友會會長。

五月份香港文學雜誌特闢「旅居美國華文作家散文展」專刊，邀請王鼎鈞、張系國、蓬丹等二十一位作家提供精選短文，由黃萬華教授評論。

七月成為中國深圳市暢銷之就業與出國專刊「出國雜誌」封面人物。

九月美國加州聖蓋博圖書館金秋文藝季，邀請蓬丹以「品味人生」為題發表演講。

聖蓋博圖書館張文雯館長頒贈「文采超群」獎牌給蓬丹

2006：元月應邀參加由「美華道德教育協會」主辦之迎春聯
　　　誼會，分享寫作歷程。由前文教中心主任許引經先生
　　　主持。
　　　三月參加由加州大學聖塔芭芭拉分校舉辦之文藝聚會。
　　　九月主編「南加州師大校友會三十週年紀念特刊」出版。

（左起）平路、張菊華、盧新華、施叔青、
白先勇、蓬丹在聖塔芭芭拉參加文學聚會

（右起）蓬丹，劉詠平，湯蘭花，周玉華
在作協新春聯歡會上合影

2007：二月參與洛杉磯華文作協盛大新春聯歡會。

三月策劃「文藝音樂迎春會」回饋社區。

九月八日「環球彩虹」三週年舉辦以「心靈振奮世界」
活動，邀請知名女作家吳玲瑤主講喜樂人生。

九月應邀在附屬於洛杉磯郡立圖書館之亞太文化中
心，主持名畫家陳陽春演講會，圖書館特頒感謝狀，
畫家以「拈華微笑」精美書法相贈。

2008：二月《追求完美的藝術家 — 米開蘭基羅》由三民出版
社出版，收入簡宛女士主編之「世紀人物 100 系列」。

北德州文友社舉辦以「初戀」為主題之徵文，應甘秀
霞會長之邀擔任決審委員。

九月赴賭城參加「海外華文女作家協會」第十屆年
會，獲頒感謝狀。

九月主持世界副刊主編吳婉茹演講會。

吳玲瑤（中）演講後與
蓬丹及劉詠平合影

（右起）蓬丹，吳婉茹，劉詠平
合影於「海外華文女作家協會」
第十屆年會

方蘭卿與蓬丹合影於美國教育
文化基金會圖書館

十二月因「環球彩虹」改版離任，共主編二十八期，
合訂精裝本二大冊爲全美各大圖書館收藏。該刊發行
期間，「環球彩虹」讀友會顧問方蘭卿女士曾大力支
持各項藝文活動。

2009：二月蓬丹任執行主編（總編輯爲古冬會長）之北美洛
　　　杉磯華文作協二十週年紀念文集《文情心語》出版。

2010：一月 2010 迎世博上海文化週「我與上海」徵文比賽獲
　　　優勝獎。

　　　十一月赴台參加海外華文女作家協會第十一屆年
　　　會，與莊維敏共同擔任記錄，蓬丹並應石麗東會長之
　　　囑撰述大會報導，題爲「邁向更寬廣的空間」。

　　　十二月應邀參與南灣佛光山「藝文雅敘」系列藝文活
　　　動之策劃。

（左起）劉詠平、經文處劉克裕副處長、蓬丹及
父親游芳憫教授攝於文藝聚會

2011：二月參與世界日報「金句佳言」斠選，蓬丹題句刊於
美國世界日報，相信這也是文字工作者的共同心情表
述。

「紙輕墨卻濃，傳述生活的點滴記憶；

一字一足印，刻劃時代的雪泥轍痕」

三月南灣佛光山「藝文雅敘」系列活動，應邀在「書
香與花香饗宴」主講「尋找心靈淨土」。監寺住持覺
瑞法師頒贈星雲大師墨寶「巧智慧心」獎牌給蓬丹。

五月一日應邀擔任中文學校聯合會詩詞朗誦比賽評
審，獲頒「熱心貢獻長才」感謝狀。

五月十一日應邀擔任加州大學洛杉磯分校「中文詩詞
朗誦」比賽評審，共有五十餘位中外學生參加。

加大中文詩詞朗誦比賽後與優勝者合影。左二為徐凱莉教
授，左三蓬丹，另二位評審為岑霞及顏文雄（右一、二）

五月二十九日北美洛杉磯華文作協、拉斯維加斯華文
作協合辦盛大新書發表會，發表游芳憫、古冬、岑霞、

尹浩鏐、潘天良等五位作家最新作品，由蓬丹主持，營志宏律師任講評。

五月二十九日發表會上，部份好友與游芳憫教授（左二）合影，左起蓬丹，劉詠平，莊維敏，丹霞

六月二十五日參加「張秀亞文苑」詩文朗誦會，紀念張秀亞教授逝世十週年。秀亞阿姨女公子于德蘭在寫作及繪畫上均有成就，致贈新作《愛的叮嚀》一書給蓬丹。

劉詠平與于德蘭合影

七月承台中空小虞若璽學長推薦擔任洛杉磯空軍大鵬聯誼會（王崎華先生任會長）「中華民國建國百年紀念筧橋專利」主編。八月出刊。

七月中國領事館「紀念辛亥百年」徵文，以「展讀一個碧血春天」獲獎。

十月赴台參加「四海同心會」，並在十月十日首次參加師大社教系同班同學的聚會。

前排坐者左起：龔秀珠、吳鈴嬌、陳慧瑜、林桂貞、楊珠如
後排左起：陳碧雲、葉楚華、羅新發、蓬丹、馬安一、陳墉、
　　　　許玉珠、孫先助、耿法儉

胡國燦（前排左一），蔡文怡（後排左一）晚到，幾人又去飲咖啡續攤，依稀彷彿是當年泡「田園」「凱莉」「我們」等咖啡屋的美好場景。

與家人赴港與朱璽輝（左三）重晤，大學時璽輝即以筆名朱珺寫作，她的勤於筆耕也激發了蓬丹執筆的興趣。

游芳憫教授，Arnold，蓬丹，劉詠平
在廣州暨南大學研討會入口處合影。

蓬丹於 2003 年訪問河南鄭州大學與樊洛平教授(中)
結識，在廣州重晤甚歡，左一為劉詠平。

蓬丹與劉詠平合影於廣州

蓬丹攝於高雄佛光山文教中心

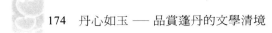

返美後參加二十一日洛杉磯華僑節大會，當天同時頒發海外華文著述獎，蓬丹爲父親編輯之《中西文化與哲學述要》榮獲學術論著獎。

十一月與劉詠平赴廣州參加首屆「共享文學時空 ── 世界華文文學研討會」。會後赴廈門、漳州等地參訪，並搭船至金門轉往高雄佛光山參加「世界華文作家協會第八屆會員代表大會」。

十二月二十日與陳乃健先生應邀參加由趙育聯女士籌劃之名作家黎錦揚先生九十六歲壽宴。

第六帙　編輯後記

深入一位文學仕女
溫潤如玉的心靈境界

劉詠平及夫婿 Arnold Werdin 與蓬丹合影

本書主編之一　劉詠平

如詩似畫的心靈讚歌

劉　詠　平

　　讀畢蓬丹十二部如詩似畫、發人深省的書卷後，我對這位文壇才女，有了更深一層的敬佩與讚賞。

　　蓬丹自大學時代即已嶄露頭角。多年來她的文章散見於兩岸三地各大報章雜誌，並持續出版新著不斷。品讀她的創作，只覺字字珠璣、句句濃情，精湛婉約而優美的筆調，不時閃耀著令人振奮的生命火花，表現出匠心獨具的天賦才情。她以女性特有的敏感與視角，觀察及探討人們在一般生活上面臨的問題，充分展現她對社會人類的深度關懷。而她精雕細琢的字句，常能予人一種蕩氣迴腸的悸動感，令人著迷、讚歎之餘，常會欲罷不能地想要反複重讀。

　　蓬丹的文字溫文爾雅而又含蓄耐讀，所有的字詞語句經過她神來之筆的洗禮後，彷彿立刻變得生動鮮活了起來。靈動深情的筆觸，啓迪心扉的箴言，足以讓人領略到一種精神的昇華，她的作品呈現出豐碩的國學底蘊，她的佳言雋語似乎能幫助讀者抒解內在鬱悶不寧之情，叫人有種嚼橄欖般的感覺，逐漸品味出個中點滴滋味，然後書中文句與自己內心

深處，不覺起了共鳴，在當今日漸浮躁的社會環境中，她的文學創作能提供人們一片心靈淨土，讓倉皇忐忑的情緒穩靜下來。

從蓬丹冊冊動人心扉的心靈小品中，也可深切察覺出她對駕馭文字的功力。她擅於將象徵、意向、今昔、引申、影射、回顧、前瞻等……的字句、詞彙，以出神入化的筆觸，從容不迫地描繪出完全不同的眾生百態，若不是多年在國學上倍下苦工、勤耕不輟，是不可能有這番成果的。筆者認為以「人類智慧之結晶，凡間心靈之桂丹」來形容蓬丹的文學作品絕不為過。

同時我們也在蓬丹的書籍篇章中經常會發現，她對時間的流逝著墨頗多，幾與近代頗負盛名的知名作家白先勇，有著相同的無奈與傷感。她有著對物是人非的傷懷，有著對美好夢境的無可把握……深切領悟到時間逝去的萬古惆悵，與人類力量的無助之感：

　　「我們在歲月裏流浪，我們每一時刻都在和上一分秒
　　訣別。」

這段充滿象徵意味的文句出自《流浪城》一書的自序。後來她將之改寫為「與盧梭相遇」一文，廣為傳誦，許多的網站或個人部落格紛紛轉載。中國文聯出版社《海外華人女作家評述》美國卷特別選出十位作家深入賞析，蓬丹即為入選之散文代表作家。據撰寫評論的山東聊城日報趙存吉主編說，這和「與盧梭相遇」一文受到廣大注意是有關聯的。

從蓬丹得獎的書冊如：《投影，在你的波心》獲海外華

文著述首獎；《流浪城》獲台灣省優良作品獎；第二屆世界華文文學散文斟選中，她以《竹葉青青》一篇散文，獲「世界華文文學優秀散文獎」。1998 年出版的《花中歲月》散文集，獲中國泉州華僑大學推薦為博士生的研究讀本。再從榮獲中國文藝獎章，即足以表彰她在文學創作上的努力及文藝工作方面的付出。

　　作為她忠實的讀者，也是本書的編者，我認為她是一位時時閃耀著智慧之光，處處釋放著慈憫之心的才女；更是一位為世間譜寫純真、盡善、至美的絕妙好文的作家；更讓我敬佩的是她願意藉由演講與人們分享她的人生體驗與文字心路。她的講座總是精彩生動而又感人，牽引聽眾的思路和情緒，緊跟著她的話語峰迴路轉，尤其讓人印象深刻的是她坦誠親切，總是將自己所知所感傾囊相授。

　　蓬丹堪稱藝文界的一株文學奇葩，除了著書、演講之外，她亦可說是推動南加華文文壇熱潮的先鋒，筆者歸納了下列她首創之各項活動：

1984：此年開始每年負責規劃一次文藝活動。並受劉冰先生主持之長青文化公司之託，開始按月編輯中英對照書目，作為美國圖書館員採購中文書之參考，將華文圖書成功推入全美各大圖書館。

1988：擔任首屆「中華圖書文化展」主講人。

1992：與文友共創北美洛杉磯華文作家協會。

1993：主辦「中文寫作班」。

1994：首次應中國作協之邀，組團赴中國遊訪三週。

主編「北美洛杉磯華文作協」會刊。

1996：策劃洛杉磯首次企業與文學的對話。

1997：爲西來大學與世界日報合辦之「美西圖書大展」籌劃文藝座談。

2002：《詩書好年華》爲洛城唯一一本結集成書，爲文藝活動留下記錄之第一手史料。

2004：主編「環球彩虹」雜誌，提供文友寫作園地，並策劃系列社教知性活動，推廣文藝風氣。

2011：南灣佛光山「藝文雅敘」活動首度邀請談文學之作家。

　　在書名的選擇上，蓬丹與我魚雁頻傳，可說費了不少心思字斟句酌，我希望強調她的文學成就，她卻一直覺得平實典雅就好，她認爲自己只是一顆溫潤的璞玉，有待更進一步研磨。我自己多年來也喜愛品賞玉石，明白玉的本質高貴雅靜。蓬丹是位熱愛生活、忠於純真、追求至善的唯美學者，她以一顆悲憫慈和的如玉之心，勤奮又努力地書寫出她對世界萬物之愛。很高興能藉由這本書卷，讓世人進一步認識這位丹心如玉、文采斐然的當代美文作家。

尋找心靈淨土

—— 蓬丹在「南灣佛光山」談閱讀與書寫

報導：艾玉（劉詠平）
攝影：Arnold Werdin

　　筆者在二零零六年加入北美洛杉磯華文作協，雖然早就拜讀過創會會長蓬丹的許多作品，也聽說她曾多次在文藝活動中與大家分享寫作經驗，但一直沒有機會恭逢其盛。而這些年來蓬丹因忙於工作，極少公開演講，因此當我接到南灣佛光山的邀請函，說是蓬丹將應邀在三月二十七日現身說法，分享她的文藝觀點及文學生活，我十分興奮。在行事曆上記下了日期，並且叮嚀先生將錄影機、照相機都準備好，那天要他權充攝影記者。

　　由星雲大師規劃的南灣佛光山四年前成立以來，這是首度邀請文藝作家發表演說，因而會場早就坐滿了文友、信徒以及慕名而來的粉絲。由於先生全程錄影，筆者得以將這場精彩的演說、也是一位勤奮作家的心靈告白摘要記錄下來與讀者分享。

一、西來文緣

　　蓬丹首先提及她自己雖不是佛教徒，但和西來寺卻有很深的緣份，她在一九八九年就已搬到西來寺所在的哈仙達崗，一住十年。一九九一年世界海外華文女作家協會的第二屆年會便在西來寺舉行。又因住家離西來寺很近，所以每次親友來訪，她也總會帶他們去西來寺參觀。一九九七年和美國世界日報合作舉辦「美西圖書大展」，地點則選擇在環境清幽的西來大學。

　　住在哈崗十年也可說是蓬丹創作靈感最旺的時期，十二本書中大約有一半是在這段時間完成，特別是《花中歲月》這部書，就是從住屋前盛放花草擷取的靈思。書中還有一篇「期等一個寫作坊」，回憶與星雲大師的一席談，星雲大師本身學養豐碩，也一向支持文化事業，他是位惜才的長者，在談話中表達了希望開設寫作坊培植作家的心願。

二、寫作宿命

　　蓬丹說她演講時，經常會碰到的問題是：為何選擇以寫作為職志？她認為有兩方面的因緣。

　　1.個性，這是一種內在的呼喚。她認為自己是個念舊重情的人，生命中種種不可忘卻的美，似乎總在呼喚，她也不捨讓人生點滴隨風而逝，因此盡力用文字記載美好的片刻、動心的感受、或感人的情事，給讀者和自己一個清明的心靈空間。

2.生活環境，則是一種外在的影響。蓬丹提到她父親是位兢兢業業的的讀書人，家中有許多他的剪報和書籍，耳濡目染之餘，自己也開始塗塗寫寫。

　　上大學後由於主修圖書管理，得以在師大圖書館自由出入，看了許多的世界名著，她覺得文學的天地極其寬廣，作用非常驚人，不同時代、不同地域的人竟可在文字中感到心靈相通。

　　大學時代的她是個多愁善感的文藝青年，孤傲叛逆的心理，使她常不屑去參加一些聲色犬馬的活動。有一次讀到林語堂的句子，深深打動了她的心：「每個人都必需找到一個文學上的愛人」，林語堂說每個人都一定能從古今中外的作家中，找尋出和自己性情相近者，這時你會像交到知己一樣的快樂，你們悲喜相通，你的憂傷他也早已經歷。這時你便會感覺到你並不是這個世界上唯一受苦的人。這些話溫暖和撫慰了年輕悸動的心，因為了解到大師級人物也曾有受傷、受苦的感覺，真的就比較能和內在的自己和解了。

　　這種認知使蓬丹意識到「文學」並不是深奧難懂的，反而非常可親、非常貼近自己的靈魂。她說其實我們每天生活在文學中而不自知，一句讓人印象深刻的廣告詞，一齣讓人每天追著看的連續劇，其實都是文學，當人們談論著劇中人物或情節時，其實也就是在進行「文學交流」。

三、執筆甘苦

　　蓬丹說寫作的過程其實是很辛苦的。她曾在一篇自序中

這樣寫道：「或在有風的窗下，或在無言的燈前，低首斂眉的自己默默如枯井無波，心中卻常翻江蹈海，思想性情的千濤萬浪，鍥而不捨衝激那筆墨行文的沙堡。砌堡的臂膀酸麻，指節摧損，依然初心不悔相信著，寫作，是一份良知的活動，是一樁性靈的玩樂……。」

蓬丹形容寫作者執筆為文時，就如同在孤寂幽深的密林裡踽踽獨行。但是，透過書寫，一個人總能更加了解自己以及所處的世界，當胸中塊壘得到抒發，密林中就彷彿透進一束天光，讓你頓時發現你已找到一片澄澈的心靈淨土。如果嘔心瀝血完成的作品得到肯定與共鳴，就更讓寫作者衣帶漸寬終不悔了。

四、文學理念

但真正想要從事文學創作，寫出言之有物、能提供給讀者一片心靈淨土的作品，蓬丹認為一定要把握三個原則。聽來是老生常談，但卻放諸四海而皆準，也是她一向堅持的文學理念。

1.真：要寫自己有真正感受的題材。如果自己都不感動，怎能感動別人？也要寫自己相信和熟悉的事物。寫作最忌諱譁眾取寵，蓬丹說自己一向是寫抒情散文的，雖然現在所謂的情色文學大行其道，如果硬要趕這個流行，就一定會鬧出「畫虎不成反類犬」的笑話。

2.善：寫作者一定要具備良善的用心，不能用筆來攻擊或傷害別人，否則就是文字的褻瀆與精神的污染。美國文豪

艾默生曾說：「單靠才氣不能成為一個作家，在每本書的背後都有一個人。」那些傳世的作品，每一本都充滿對人生的大愛和對世事的悲憫。

3.美：寫文章不同於講話或寫日記，不能隨心所欲，必須要在文字上加以推敲和修飾，讀來順口，聽來順耳，才能達到文學上的美感。但如果只重文字上的美就往往會流於堆砌詞藻，內容上的「美」更重要。

這個「美」指的是胸襟和氣魄，而絕不是說描寫悲哀或殘缺的事物就是不美。例如《紅樓夢》寫的是大家族的衰落；《齊瓦哥醫生》寫的是戰爭的殘酷；還有前兩年十分轟動的《追風箏的人》寫阿富汗的一個家庭悲劇；都是不美的事情，但我們讀完會覺得這些書都是極其優美而偉大的文學作品，這就是因為它們都同樣具有悲天憫人的胸懷，以及史詩般的氣魄。

最近發生令人震驚大地震，所以她還提到兩本有關地震的文學作品。地震十分恐怖，但作者卻因描寫「大災難」而得到文學上的肯定。一個是德國十九世紀的作家克萊斯特（Heinrich von Kleist），他的代表作就是《智利地震》（The Great Chilean Earthquake），也因此被譽為德國古典文學三巨匠之一（另二人是歌德及席勒）。中國新銳小說家張翎的《餘震》，被改編為「唐山大地震」，相當受重視。

在座無虛席的會場上，雖然室外還是有點春寒料峭涼意襲人，室內卻充滿了溫馨、熱烈而又濃郁的文學氛圍。享用了一席充滿睿智慧心的文學饗宴後，在座聽眾都露出滿意的

笑容，瞬間，發言提問之聲不絕於耳，足證參加這一場講座，來賓們都感到不虛此行！

　　（此文部份載於 2011 年六月六日世界日報副刊，題爲「找到文學上的愛人」）

編者介紹：

　　劉詠平，筆名艾玉，湖北省嘉魚縣人，兩歲舉家遷來台灣。台南女中畢業考入輔仁大學家營系，獲理學士學位，旋來美攻讀「美國西方法學院」肄業，獲美國加州州大工商管理學會計碩士。

　　經歷：
1.百度文壇貼吧 —— 「真如書屋」小吧主（2008-2010）
2.北美洛杉磯華文作家協會 —— 永久會員（2006）
3.海外華文女作家協會 —— 永久會員（2007）
4.出任副總領隊 ——「海峽兩岸第一屆世界和平藝文高峰論壇」（2007）
5.任北美洛杉磯華文作家協會 —— 兩屆副會長（2006-2011）
6.第七屆北美洛杉磯華文作家協會 —— 理事（2006）
7.電器工廠業主、董事長（1985-2007）
8.地產、財務、商投資顧問（1975-1990）
9.美國加州註冊生意仲介經紀（1984-1990）
10.美國加州註冊地產經紀人（1984-1990）

11.美塑膠原料、色料、半成品等三家聯合工廠之財務總裁
（1974-1981）

12.輔仁大學學聯會主席（1968-1969）

　　著作：

1.名人傳記：《風清月朗 —— 教廷親王》—— 美國出版（2006）

2.中篇小說：「超級新人類」—— 世界日報「小說世界」（2010）

3.合編文集：「洛城作家文集」 —— 台灣出版（2011）

4.散文/小說：「洛城客」 —— 台灣秀威出版社（2011）

5.小說：「情人節禮物」—— 大陸雜誌《膠東文學》（2011）。

6.文章發表於世界日報「小說世界」、「南加論壇」、「民
意論壇」、「上下古今」、「家園」等版以及「中外」雜
誌等。

　　獲獎：

1.「榮譽作家獎」 —— 美國洛杉磯蒙特利市劉達強市長贈
（2007）

2.「新世紀海外華文女性文學獎」 —— 美國紅衫林雜誌社
（2008）

3.「熱心文藝」—— 海外華文女作家協會第十屆年會（2008）

4.「傑出北美華文作家協會副主席」 —— 美國洛杉磯蒙特利
市劉達強市長贈（2007）

5.「華文藝文獎」 —— 美國洛杉磯核桃市蘇王秀蘭市長贈
（2011）

劉詠平致贈「風清月朗 ── 教廷親王」一書給蓬丹

劉鍾毅博士（中）與本書編者劉詠平（左一）及
夫婿 Arnold Werdin 合影

于杰夫，山東省煙台市人，山東大學法律系畢業，旅美作家。高中畢業考入濟南軍區文工團（演員兼京胡演奏），五年後復員回鄉，任企業幹部等職。1991 年進入煙台日報擔任記者、編輯、版面主編十六年。爲中國小說學會會員、山東省作家協會會員。近年來在《當代》、《小說月報》、《山東文學》、《時代文學》、《啄木鳥》等文學雜誌發表中、短篇小說多篇計百萬字，作品先後被《中篇小說選刊》、《中華文學選刊》等國家級文學刊物選載並多次獲獎。2007 年以傑出人才（EB1-a）移民美國，先後創作了長篇小說《叛徒》、《一條大河》（已通過北京某大型文學刊物三審終審，將於今年發表）、中篇小說《血案》（收錄於《中國近代優秀法制小說選編》叢書，2011 年四月底出版並在全國發行）。

（右起）于杰夫、劉詠平、蓬丹及 2011 年中國作家代表團意西澤仁團長合影

台北植物園池蓮（楊綺真攝）